일빵빵 + 입에 달고 사는 기초영어 2

일빵빵 +
입에 달고 사는 기초영어 2

초판   1쇄   2014년 4월 1일
초판 99쇄   2023년 4월 24일

저 자 ┃ 서장혁
연구제작 ┃ 일빵빵어학연구소 / 서장혁
펴 낸 이 ┃ 일빵빵어학연구소
펴 낸 곳 ┃ 토마토출판사
표 지 ┃ 토마토출판사 편집부
본 문 ┃ 토마토출판사 편집부
주 소 ┃ 서울특별시 마포구 양화로 161 727호
T E L ┃ 1544-5383
홈페이지 ┃ www.tomato4u.com
등 록 ┃ 2012. 1. 11.

일빵빵

+

입에 달고 사는
기초영어 2

토마토
출판사

일빵빵은 이를 안타깝게 여겨 새로

일빵빵 입에 달고 사는 기초영어

시리즈를 만드니 컴퓨터나 스마트폰으로 편안하게 어디에서건 언제든지 무료로 영어에 목마른 모든 이들로 하여금 쉽게 익혀

매일 입에 달고 살게

하고자 할 따름입니다

일빵빵

나랏말쓰、미

영어와 많이 달라 서로 통하지 아니하

므로 글로벌한 시대에 수십 년간 영어

教育(교육)을 받아도 정작 、외국인과 、영어로

한마디도 、못하고 차마 입이 떨어지지

않는 사람이 많습니다

구성
construction

1. '넣었다, 뺐다' 이론 정리

모든 영어 회화 문장은 한국어와 달리, 어떤 일정한 위치에 정해진 요소를 상황에 따라 반복적으로 '넣었다, 뺐다' 해주면 간단히 문장이 완성됩니다. 기초적으로 알아야 하는 문법 요소뿐 아니라 필수적인 회화 문장을 알기 쉽게, 공식화해서 설명해 줍니다.

2. 오늘의 단어

'의문사, Be동사' 편에서는 중요한 '규칙 동사'와 '불규칙 동사'에 대해 배우게 됩니다. 또한, 사람의 성격이나 행동, 상황을 나타내거나 일반 사물을 꾸며주는 다양한 '형용사'들도 정리되어 있습니다. 아울러, 우리 주변 관계를 알 수 있는 다양한 직업이나 가족 관계에 대해서 빠짐없이 수록해 놓아 더욱 다양한 표현을 배우실 수 있습니다.

3. 말 트이기 연습

매 강의마다 각 문장에 해당되는 '말 트이기 연습' 부분이 제공됩니다. 입으로 크게 말하고 직접 문장을 써 보면서 눈으로 기본적인 문장을 익혀두도록 합시다. 머릿속으로 알아도 쉽게 입으로 나오지 않는 문제점을 해결하는 과정입니다. 회화에서 가장 중요한 순발력을 키워줄 것입니다.

4. PASSPORT(허가증)

전체 강의가 끝난 후, 마지막 부분에 PASSPORT 총정리가 있습니다. 우리말로 '여권 혹은 허가증'이라는 뜻인데, 다음 단계로 넘어가기 전에 반드시 거쳐야 하는 과정입니다. 여권이 없다면 다음 행선지로 갈 수가 없겠죠? 총 복습이면서 우리가 공부하는 가장 궁극적인 이유가 되겠습니다. 100개 문장을 자유자재로 말할 수 있도록 확실히 자가 진단 테스트 및 복습을 해 봅시다.

이 책의 목표

의문사 / Be동사 편

1.

'넣었다, 뺐다' 공식을 통해

의문사가 들어가는 문장을

자유자재로 연습해 본다.

2.

일반 동사의 다양한 **과거형**과

Be동사에 필요한

형용사, 명사를 암기한다.

3.

가장 기초적인 문장을 반복함으로써

1초 안에 바로 문장을 만들 수 있도록

순발력을 키운다.

공부하는 방법

일빵빵의 모든 강의는

일빵빵 공식 유튜브 채널을 통해 무료로 들을 수 있습니다.

유튜브 검색창에 "일빵빵"을 검색해서 강의를 청취하세요.

일빵빵 공식 페이스북 | www.facebook.com/ilbangbang
일빵빵 공식 트위터 | www.twitter.com/ilbangbang
일빵빵 공식 인스타그램 | '일빵빵' 검색
일빵빵 공식 유튜브채널 | '일빵빵' 검색
* 새로 추가된 더 많은 강의 청취를 원하시면 Let's 일빵빵 어플을 통해 청취하실 수 있습니다.

입에달고사는기초영어 의문사 / Be동사 편
C·O·N·T·E·N·T·S

넣었다 뺐다 공식이란?

영어는 기본 틀에서

일정한 자리에

'넣었다 뺐다'만 잘 해주시면

회화 문장을

쉽게 만들 수 있습니다.

영어 때문에

고생하셨던 분들의

기초 영어를 쉽고 확실하게

끝내 드리겠습니다.

믿고 따라오세요.

2014년 겨울   서장혁

31강 [너는 + 무엇을 + 하니?]

What + do you + 동사 ?

오늘의 단어

do [두우]	want [우원트]
하다	원하다
like [라이크]	know [노우]
좋아하다	(이미) 알다
mean [미인]	say [세이]
의미하다, 뜻하다	말하다
use [유즈]	wear [우웨어얼]
사용하다	입다
need [니이드]	remember [우뤼멤벌]
필요하다	기억하다

* 'know'의 'k'는 발음하지 않는다.

What	+	do you do?	: 너는 무엇을 하니? / 직업이 무엇이니?
		do you want?	: 너는 무엇을 원하니?
		do you like?	: 너는 무엇을 좋아하니?
		do you know?	: 너는 무엇을 아니?
		do you mean?	: 너는 무엇을 뜻하는 거니?
		do you say?	: 너는 무엇을 말하는 거니?
		do you use?	: 너는 무엇을 사용하니?
		do you wear?	: 너는 무엇을 입고 있니?
		do you need?	: 너는 무엇을 필요로 하니?
		do you remember?	: 너는 무엇을 기억하니?

말 트이기 연습

001.   너는 무엇을 하니? / 직업이 무엇이니?

....

002.   너는 무엇을 원하니?

....

003.   너는 무엇을 좋아하니?

....

004.   너는 무엇을 아니?

....

005.   너는 무엇을 뜻하는 거니?

....

006.   너는 무엇을 말하는 거니?

....

007.   너는 무엇을 사용하니?

....

008.   너는 무엇을 입고 있니?

....

009.   너는 무엇을 필요로 하니?

....

010.   너는 무엇을 기억하니?

....

011. 너는 무엇을 공부하니?

....

012. 너는 무엇을 가지고 있니? / 무엇을 먹니?

....

013. 너는 무엇을 만드니?

....

014. 너는 무엇을 읽니?

....

015. 너는 무엇을 쓰니?

....

016. 너는 무엇을 연주하니? / 무슨 경기를 하니?

....

017. 너는 무엇을 보니?

....

018. 너는 무엇을 사니?

....

019. 너는 무엇을 가르치니?

....

020. 너는 무엇을 배우니?

....

말 트이기 연습 - 해답

001. 너는 무엇을 하니? / 직업이 무엇이니?

What do you do?

002. 너는 무엇을 원하니?

What do you want?

003. 너는 무엇을 좋아하니?

What do you like?

004. 너는 무엇을 아니?

What do you know?

005. 너는 무엇을 뜻하는 거니?

What do you mean?

006. 너는 무엇을 말하는 거니?

What do you say?

007. 너는 무엇을 사용하니?

What do you use?

008. 너는 무엇을 입고 있니?

What do you wear?

009. 너는 무엇을 필요로 하니?

What do you need?

010. 너는 무엇을 기억하니?

What do you remember?

011. 너는 무엇을 공부하니?

What do you study?

012. 너는 무엇을 가지고 있니? / 무엇을 먹니?

What do you have?

013. 너는 무엇을 만드니?

What do you make?

014. 너는 무엇을 읽니?

What do you read?

015. 너는 무엇을 쓰니?

What do you write?

016. 너는 무엇을 연주하니? / 무슨 경기를 하니?

What do you play?

017. 너는 무엇을 보니?

What do you see?

018. 너는 무엇을 사니?

What do you buy?

019. 너는 무엇을 가르치니?

What do you teach?

020. 너는 무엇을 배우니?

What do you learn?

32강 [너는 + 무엇을 + 했니?]

What + did you + 동사 ?

TIP

우리가 1권에서 배웠던 문장 '너는 ~ 했니?'(Did you + 동사)에서 앞에 'What'을 집어넣어 'What did you ~ ?'라고 하면 '너는 무엇을 ~ 했니?'라고 과거 행동을 묻는 의문문 형식이 된다.

오늘의 단어

today [투데이]	tonight [투나잇]
오늘	오늘 밤
yesterday [예스털데이]	then [덴]
어제	그때
before [비포얼]	ago [어고우]
전에는	~ 전에는
last [레스트]	morning [모올닝]
바로 전 ~에	아침
afternoon [에프털눈]	evening [이브닝]
오후에	저녁에

* in the morning : 아침에는 / * in the afternoon : 오후에는 / * in the evening : 저녁에는

: 너는 무엇을 공부했니?

What + did you study?
did you study today?

: 너는 오늘 무엇을 공부했니?

- -

: 너는 무엇을 가지고 있었니? / 무엇을 먹었니?

What + did you have?
did you have tonight?

: 너는 오늘 밤 무엇을 가지고 있었니? / 무엇을 먹었니?

- -

: 너는 무엇을 만들었니?

What + did you make?
did you make yesterday?

: 너는 어제 무엇을 만들었니?

- -

: 너는 무엇을 읽었니?

What + did you read?
did you read then?

: 너는 그때 무엇을 읽었니?

: 너는 무엇을 썼니?

$$\boxed{\text{What}} + \begin{array}{l} \text{did you write?} \\ \text{did you write before?} \end{array}$$

: 너는 전에는 무엇을 썼니?

- -

: 너는 무엇을 연주했니? / 무슨 경기를 했니?

$$\boxed{\text{What}} + \begin{array}{l} \text{did you play?} \\ \text{did you play two days ago?} \end{array}$$

: 너는 이틀 전에는 무엇을 연주했니? / 무슨 경기를 했니?

- -

: 너는 무엇을 보았니?

$$\boxed{\text{What}} + \begin{array}{l} \text{did you see?} \\ \text{did you see last week?} \end{array}$$

: 너는 지난주에는 무엇을 보았니?

- -

: 너는 무엇을 샀니?

$$\boxed{\text{What}} + \begin{array}{l} \text{did you buy?} \\ \text{did you buy in the morning?} \end{array}$$

: 너는 아침에는 무엇을 샀니?

: 너는 무엇을 가르쳤니?

$\boxed{\text{What}}$ + did you teach?
did you teach in the afternoon?

: 너는 오후에 무엇을 가르쳤니?

- -

: 너는 무엇을 배웠니?

$\boxed{\text{What}}$ + did you learn?
did you learn in the evening?

: 너는 저녁에 무엇을 배웠니?

여기서 잠깐!

'last'는 회화에서 '시간'을 표현할 때 상당히 많이 말하는 단어입니다.

원래 의미는 '마지막'이라는 뜻이지만, 시간을 나타내는 단어와 만나면 '바로 전 ~에'라는 의미가 됩니다.

예) - last night : 어젯밤 (바로 전 밤)
  - last week   : 지난주 (바로 전 주)
  - last month : 지난달 (바로 전 달)
  - last year   : 작년 (바로 전 해)

말 트이기 연습

021.   너는 무엇을 공부했니?

....

022.   너는 오늘 무엇을 공부했니?

....

023.   너는 무엇을 가지고 있었니? / 무엇을 먹었니?

....

024.   너는 오늘 밤 무엇을 가지고 있었니? / 무엇을 먹었니?

....

025.   너는 무엇을 만들었니?

....

026.   너는 어제 무엇을 만들었니?

....

027.   너는 무엇을 읽었니?

....

028.   너는 그때 무엇을 읽었니?

....

029.   너는 무엇을 썼니?

....

030.   너는 전에는 무엇을 썼니?

....

031. 너는 무엇을 연주했니? / 무슨 경기를 했니?

....

032. 너는 이틀 전에는 무엇을 연주했니? / 무슨 경기를 했니?

....

033. 너는 무엇을 보았니?

....

034. 너는 지난주에는 무엇을 보았니?

....

035. 너는 무엇을 샀니?

....

036. 너는 아침에는 무엇을 샀니?

....

037. 너는 무엇을 가르쳤니?

....

038. 너는 오후에 무엇을 가르쳤니?

....

039. 너는 무엇을 배웠니?

....

040. 너는 저녁에 무엇을 배웠니?

....

말 트이기 연습 - 해답

021. 너는 무엇을 공부했니?

What did you study?

022. 너는 오늘 무엇을 공부했니?

What did you study today?

023. 너는 무엇을 가지고 있었니? / 무엇을 먹었니?

What did you have?

024. 너는 오늘 밤 무엇을 가지고 있었니? / 무엇을 먹었니?

What did you have tonight?

025. 너는 무엇을 만들었니?

What did you make?

026. 너는 어제 무엇을 만들었니?

What did you make yesterday?

027. 너는 무엇을 읽었니?

What did you read?

028. 너는 그때 무엇을 읽었니?

What did you read then?

029. 너는 무엇을 썼니?

What did you write?

030. 너는 전에는 무엇을 썼니?

What did you write before?

031. 너는 무엇을 연주했니? / 무슨 경기를 했니?

What did you play?

032. 너는 이틀 전에는 무엇을 연주했니? / 무슨 경기를 했니?

What did you play two days ago?

033. 너는 무엇을 보았니?

What did you see?

034. 너는 지난주에는 무엇을 보았니?

What did you see last week?

035. 너는 무엇을 샀니?

What did you buy?

036. 너는 아침에는 무엇을 샀니?

What did you buy in the morning?

037. 너는 무엇을 가르쳤니?

What did you teach?

038. 너는 오후에 무엇을 가르쳤니?

What did you teach in the afternoon?

039. 너는 무엇을 배웠니?

What did you learn?

040. 너는 저녁에 무엇을 배웠니?

What did you learn in the evening?

33강 [너는 + 무엇을 + 할 수 있니?]

What + can you + 동사 ?

TIP

우리가 1권에서 배웠던 문장 '너는 ~ 할 수 있니?'(Can you + 동사)에서 앞에 'What'을 집어넣어 'What can you ~ ?'라고 하면 '너는 무엇을 ~ 할 수 있니?'라는 구체적인 의문문 형식이 된다.

오늘의 단어

read [우리이드]	make [메익]
읽다	만들다
give [기입]	move [무으브]
주다	옮기다
get [겟]	lend [렌드]
얻다	빌려 주다
borrow [버로우]	send [센드]
빌리다	보내다
take [테익]	bring [브뤼잉]
가져가다 / 데려가다	가져오다 / 데려오다

What + **can you read?** : 너는 무엇을 읽을 수 있니?

can you make? : 너는 무엇을 만들 수 있니?

can you give? : 너는 무엇을 줄 수 있니?

can you move? : 너는 무엇을 옮길 수 있니?

can you get? : 너는 무엇을 얻을/살 수 있니?

can you lend? : 너는 무엇을 빌려 줄 수 있니?

can you borrow? : 너는 무엇을 빌릴 수 있니?

can you send? : 너는 무엇을 보낼 수 있니?

can you take? : 너는 무엇을 가져갈 수 있니?

can you bring? : 너는 무엇을 가져올 수 있니?

말 트이기 연습

041. 너는 무엇을 읽을 수 있니?

....

042. 나는 책을 읽을 수 있어.

....

043. 너는 무엇을 만들 수 있니?

....

044. 나는 케이크를 만들 수 있어.

....

045. 너는 무엇을 줄 수 있니?

....

046. 나는 꽃을 줄 수 있어.

....

047. 너는 무엇을 옮길 수 있니?

....

048. 나는 책상을 옮길 수 있어.

....

049. 너는 무엇을 얻을 / 살 수 있니?

....

050. 나는 티켓을 살 수 있어.

....

051. 너는 무엇을 빌려 줄 수 있니?

....

052. 나는 내 펜을 빌려 줄 수 있어.

....

053. 너는 무엇을 빌릴 수 있니?

....

054. 나는 돈을 빌릴 수 있어.

....

055. 너는 무엇을 보낼 수 있니?

....

056. 나는 메시지를 보낼 수 있어.

....

057. 너는 무엇을 가져갈 수 있니?

....

058. 나는 내 가방을 가져갈 수 있어.

....

059. 너는 무엇을 가져올 수 있니?

....

060. 나는 내 카메라를 가져올 수 있어.

....

말 트이기 연습 - 해답

041. 너는 무엇을 읽을 수 있니?

What can you read?

042. 나는 책을 읽을 수 있어.

I can read the book.

043. 너는 무엇을 만들 수 있니?

What can you make?

044. 나는 케이크를 만들 수 있어.

I can make the cake.

045. 너는 무엇을 줄 수 있니?

What can you give?

046. 나는 꽃을 줄 수 있어.

I can give the flower.

047. 너는 무엇을 옮길 수 있니?

What can you move?

048. 나는 책상을 옮길 수 있어.

I can move the desk.

049. 너는 무엇을 얻을 / 살 수 있니?

What can you get?

050. 나는 티켓을 살 수 있어.

I can get a ticket.

051. 너는 무엇을 빌려 줄 수 있니?

What can you lend?

052. 나는 내 펜을 빌려 줄 수 있어.

I can lend my pen.

053. 너는 무엇을 빌릴 수 있니?

What can you borrow?

054. 나는 돈을 빌릴 수 있어.

I can borrow money.

055. 너는 무엇을 보낼 수 있니?

What can you send?

056. 나는 메시지를 보낼 수 있어.

I can send a message.

057. 너는 무엇을 가져갈 수 있니?

What can you take?

058. 나는 내 가방을 가져갈 수 있어.

I can take my bag.

059. 너는 무엇을 가져올 수 있니?

What can you bring?

060. 나는 내 카메라를 가져올 수 있어.

I can bring my camera.

34강 [너는 + 무엇을 + 할 거니?]

What + will you + 동사 ?

TIP

우리가 1권에서 배웠던 문장 '너는 ~ 할 거니?'(Will you + 동사)에서 앞에 'What'을 집어넣어 'What will you ~ ?'라고 하면 '너는 무엇을 할 거니?'라는 구체적인 의문문 형식이 된다.

오늘의 단어

computer [컴퓨럴]	bread [브우래드]
컴퓨터	빵
sauce [써어스]	textbook [텍스트북]
소스	교과서
poem [포우임]	law [러]
시	법
history [히스토리]	math [메쓰]
역사	수학
hat [햇]	meat [밋]
모자	고기

What + will you buy?

: 너는 무엇을 살 거니?

I will buy a computer.

: 나는 컴퓨터 살 거야.

- -

What + will you have?

: 너는 무엇을 먹을 거니?

I will have bread.

: 나는 빵을 먹을 거야.

- -

What + will you make?

: 너는 무엇을 만들 거니?

I will make sauce.

: 나는 소스를 만들 거야.

- -

What + will you read?

: 너는 무엇을 읽을 거니?

I will read the textbook.

: 나는 교과서를 읽을 거야.

[What] + will you write?

: 너는 무엇을 쓸 거니?

I will write a poem.

: 나는 시를 쓸 거야.

- -

[What] + will you study?

: 너는 무엇을 공부할 거니?

I will study law.

: 나는 법을 공부할 거야.

- -

[What] + will you teach?

: 너는 무엇을 가르칠 거니?

I will teach history.

: 나는 역사를 가르칠 거야.

- -

[What] + will you learn?

: 너는 무엇을 배울 거니?

I will learn math.

: 나는 수학을 배울 거야.

What + will you wear?

: 너는 무엇을 쓸 거니?

I will wear a hat.

: 나는 모자 쓸 거야.

- -

What + will you bring?

: 너는 무엇을 가져올 거니?

I will bring meat.

: 나는 고기를 가져올 거야.

여기서 잠깐!

보통 단어 앞에 'a'가 붙을 때가 있고 붙지 않을 때가 있습니다. 그것을 구별할 때는 주로 뒤에 오는 단어의 성격을 보고 결정합니다. 'a'는 단순히 '하나의'라는 개념으로 쓰이는데, 이 말은 즉 뒤에 나오는 단어가 '셀 수 있는 단어'일 때만 쓰인다는 의미입니다.

예) - a computer : '하나의' 컴퓨터 (컴퓨터는 셀 수 있음)
    - a poem : '하나의' 시 (시는 한 소절 한 소절 구분됨)
    - bread : 빵 ('빵'이라는 단어는 특정하게 셀 수 없으므로 'a'를 붙이지 못함)
    - meat : 고기 ('고기'라는 단어는 특정하게 셀 수 없으므로 'a'를 붙이지 못함)

말 트이기 연습

061. 너는 무엇을 살 거니?

....

062. 나는 컴퓨터 살 거야.

....

063. 너는 무엇을 먹을 거니?

....

064. 나는 빵을 먹을 거야.

....

065. 너는 무엇을 만들 거니?

....

066. 나는 소스를 만들 거야.

....

067. 너는 무엇을 읽을 거니?

....

068. 나는 교과서를 읽을 거야.

....

069. 너는 무엇을 쓸 거니?

....

070. 나는 시를 쓸 거야.

....

071. 너는 무엇을 공부할 거니?

....

072. 나는 법을 공부할 거야.

....

073. 너는 무엇을 가르칠 거니?

....

074. 나는 역사를 가르칠 거야.

....

075. 너는 무엇을 배울 거니?

....

076. 나는 수학을 배울 거야.

....

077. 너는 무엇을 쓸 거니?

....

078. 나는 모자 쓸 거야.

....

079. 너는 무엇을 가져올 거니?

....

080. 나는 고기를 가져올 거야.

....

말 트이기 연습 - 해답

061. 너는 무엇을 살 거니?

What will you buy?

062. 나는 컴퓨터 살 거야.

I will buy a computer.

063. 너는 무엇을 먹을 거니?

What will you have?

064. 나는 빵을 먹을 거야.

I will have bread.

065. 너는 무엇을 만들 거니?

What will you make?

066. 나는 소스를 만들 거야.

I will make sauce.

067. 너는 무엇을 읽을 거니?

What will you read?

068. 나는 교과서를 읽을 거야.

I will read the textbook.

069. 너는 무엇을 쓸 거니?

What will you write?

070. 나는 시를 쓸 거야.

I will write a poem.

071. 너는 무엇을 공부할 거니?

What will you study?

072. 나는 법을 공부할 거야.

I will study law.

073. 너는 무엇을 가르칠 거니?

What will you teach?

074. 나는 역사를 가르칠 거야.

I will teach history.

075. 너는 무엇을 배울 거니?

What will you learn?

076. 나는 수학을 배울 거야.

I will learn math.

077. 너는 무엇을 쓸 거니?

What will you wear?

078. 나는 모자 쓸 거야.

I will wear a hat.

079. 너는 무엇을 가져올 거니?

What will you bring?

080. 나는 고기를 가져올 거야.

I will bring meat.

35강 [너는 + 언제 + 하니?]

When + do you + 동사 ?

TIP

우리가 1권에서 배웠던 문장 '너는 ~ 하니?'(Do you + 동사)에서 앞에 'When'을 집어넣어 'When do you ~ ?'라고 하면 '너는 언제 ~ 하니?'라는 구체적인 의문문 형식이 된다. 'when'은 '언제'라는 의미의 의문사가 된다.

오늘의 단어

leave [리이브]	arrive [어우롸이브]
떠나다	도착하다
open [오우픈]	close [클로우즈]
열다	닫다
start [스타알트]	finish [피니쉬]
시작하다	끝내다
buy [바이]	sell [셀]
사다	팔다
sleep [슬리입]	get up [겟업]
자다	일어나다

When + do you leave? : 너는 언제 떠나니?

do you arrive? : 너는 언제 도착하니?

do you open? : 너는 언제 문 여니?

do you close? : 너는 언제 문 닫니?

do you start? : 너는 언제 시작하니?

do you finish? : 너는 언제 끝나니?

do you buy? : 너는 언제 사니?

do you sell? : 너는 언제 파니?

do you sleep? : 너는 언제 자니?

do you get up? : 너는 언제 일어나니?

말 트이기 연습

081. 너는 언제 떠나니?

....

082. 너는 언제 도착하니?

....

083. 너는 언제 문 여니?

....

084. 너는 언제 문 닫니?

....

085. 너는 언제 시작하니?

....

086. 너는 언제 끝나니?

....

087. 너는 언제 사니?

....

088. 너는 언제 파니?

....

089. 너는 언제 자니?

....

090. 너는 언제 일어나니?

....

091. 너는 언제 공부하니?

....

092. 너는 언제 먹니?

....

093. 너는 언제 만드니?

....

094. 너는 언제 읽니?

....

095. 너는 언제 쓰니?

....

096. 너는 언제 연주하니? / 언제 경기를 하니?

....

097. 너는 언제 보니?

....

098. 너는 언제 해 보니?

....

099. 너는 언제 가르치니?

....

100. 너는 언제 배우니?

....

말 트이기 연습 - 해답

081. 너는 언제 떠나니?

When do you leave?

082. 너는 언제 도착하니?

When do you arrive?

083. 너는 언제 문 여니?

When do you open?

084. 너는 언제 문 닫니?

When do you close?

085. 너는 언제 시작하니?

When do you start?

086. 너는 언제 끝나니?

When do you finish?

087. 너는 언제 사니?

When do you buy?

088. 너는 언제 파니?

When do you sell?

089. 너는 언제 자니?

When do you sleep?

090. 너는 언제 일어나니?

When do you get up?

091. 너는 언제 공부하니?

When do you study?

092. 너는 언제 먹니?

When do you have?

093. 너는 언제 만드니?

When do you make?

094. 너는 언제 읽니?

When do you read?

095. 너는 언제 쓰니?

When do you write?

096. 너는 언제 연주하니? / 언제 경기를 하니?

When do you play?

097. 너는 언제 보니?

When do you see?

098. 너는 언제 해 보니?

When do you try?

099. 너는 언제 가르치니?

When do you teach?

100. 너는 언제 배우니?

When do you learn?

36강 [너는 + 언제 + 했니?]

When + did you + 동사 ?

> **TIP**
>
> 우리가 1권에서 배웠던 문장 '너는 ~ 했니?'(Did you + 동사)에서 앞에
> 'When'을 집어넣어 'When did you ~ ?'라고 하면 '너는 언제 ~ 했니?'라는
> 구체적인 의문문 형식이 된다. 'when'은 '언제'라는 의미의 의문사가 된다.

오늘의 단어

highway [하이웨이]	park [파알크]
고속도로	공원
museum [뮤지어엄]	playground [플레이그라운드]
박물관	운동장
street [스트리잇]	kitchen [킷췬]
거리, 길	부엌
restaurant [우레스토오랑]	bathroom [베쓰루움]
식당	욕실
theater [띠어럴]	university [유니벌씨리]
극장, 영화관	대학

* 'mo<u>v</u>ie'의 'v' 발음은 아랫입술을 살짝 물었다가 'ㅂ' 발음을 한다.
* 'ba<u>th</u>room', '<u>th</u>eater'의 'th' 발음은 혀를 살짝 물었다가 빼면서 'ㅅ' 발음을 한다.

: 너는 언제 운전했니?

When + did you drive?
did you drive in the highway?

: 너는 고속도로에서 언제 운전했니?

: 너는 언제 걸었니?

When + did you walk?
did you walk in the park?

: 너는 공원에서 언제 걸었니?

: 너는 언제 보았니?

When + did you see?
did you see in the museum?

: 너는 박물관에서 언제 보았니?

: 너는 언제 뛰었니?

When + did you run?
did you run in the playground?

: 너는 운동장에서 언제 뛰었니?

: 너는 언제 전화했니?

When + did you call?
did you call in the street?

: 너는 길에서 언제 전화했니?

: 너는 언제 요리했니?

When + did you cook?
did you cook in the kitchen?

: 너는 부엌에서 언제 요리했니?

: 너는 언제 먹었니?

When + did you have?
did you have in the restaurant?

: 너는 음식점에서 언제 먹었니?

: 너는 언제 씻었니?

When + did you wash?
did you wash in the bathroom?

: 너는 욕실에서 언제 씻었니?

: 너는 언제 일했니?

 + ### did you work?
did you work in the theater?

: 너는 극장에서 언제 일했니?

: 너는 언제 공부했니?

<u>When</u> + ### did you study?
did you study in the university?

: 너는 대학에서 언제 공부했니?

여기서 잠깐!

미국을 여행하다 보면 여러 가지 종류의 식당을 볼 수 있습니다.

예) - restaurant : 우리가 흔히 식사할 수 있는 식당
                 (격식을 갖춘 곳 포함)

- cafeteria : 공공시설이나 학교, 병원 등의 직원이나
              방문객 전용 식당 (self-service 포함)

- diner : 규모가 작거나, 편하게 들어가서 먹을 수 있는 식당

- bistro : 술과 음식을 함께 먹을 수 있는 중급 정도의 식당

- eatery : 한국의 분식점 같은 간이 식당

말 트이기 연습

101. 너는 언제 운전했니?

....

102. 너는 고속도로에서 언제 운전했니?

....

103. 너는 언제 걸었니?

....

104. 너는 공원에서 언제 걸었니?

....

105. 너는 언제 보았니?

....

106. 너는 박물관에서 언제 보았니?

....

107. 너는 언제 뛰었니?

....

108. 너는 운동장에서 언제 뛰었니?

....

109. 너는 언제 전화했니?

....

110. 너는 길에서 언제 전화했니?

....

111.   너는 언제 요리했니?

....

112.   너는 부엌에서 언제 요리했니?

....

113.   너는 언제 먹었니?

....

114.   너는 음식점에서 언제 먹었니?

....

115.   너는 언제 씻었니?

....

116.   너는 욕실에서 언제 씻었니?

....

117.   너는 언제 일했니?

....

118.   너는 극장에서 언제 일했니?

....

119.   너는 언제 공부했니?

....

120.   너는 대학에서 언제 공부했니?

....

말 트이기 연습 - 해답

101. 너는 언제 운전했니?

When did you drive?

102. 너는 고속도로에서 언제 운전했니?

When did you drive in the highway?

103. 너는 언제 걸었니?

When did you walk?

104. 너는 공원에서 언제 걸었니?

When did you walk in the park?

105. 너는 언제 보았니?

When did you see?

106. 너는 박물관에서 언제 보았니?

When did you see in the museum?

107. 너는 언제 뛰었니?

When did you run?

108. 너는 운동장에서 언제 뛰었니?

When did you run in the playground?

109. 너는 언제 전화했니?

When did you call?

110. 너는 길에서 언제 전화했니?

When did you call in the street?

111. 너는 언제 요리했니?

When did you cook?

112. 너는 부엌에서 언제 요리했니?

When did you cook in the kitchen?

113. 너는 언제 먹었니?

When did you have?

114. 너는 음식점에서 언제 먹었니?

When did you have in the restaurant?

115. 너는 언제 씻었니?

When did you wash?

116. 너는 욕실에서 언제 씻었니?

When did you wash in the bathroom?

117. 너는 언제 일했니?

When did you work?

118. 너는 극장에서 언제 일했니?

When did you work in the theater?

119. 너는 언제 공부했니?

When did you study?

120. 너는 대학에서 언제 공부했니?

When did you study in the university?

37강 [너는 + 언제 + 할 수 있니?]

When + can you + 동사 ?

TIP

우리가 1권에서 배웠던 문장 '너는 ~ 할 수 있니?'(Can you + 동사)에서 앞에 'When'을 집어넣어 'When can you ~ ?'라고 하면 '너는 언제 ~ 할 수 있니?'라는 구체적인 의문문 형식이 된다. 'when'은 '언제'라는 의미의 의문사가 된다.

오늘의 단어

January	February	March	April
1월	2월	3월	4월
May	June	July	August
5월	6월	7월	8월
September	October	November	December
9월	10월	11월	12월
Spring	Summer	Autumn	Winter
봄	여름	가을	겨울
Morning	Afternoon	Evening	
아침	오후	저녁	

* 보통 시간을 나타내는 의미는 in, on, at을 주로 쓴다. 월, 계절, 하루 일과는 in을 쓴다.

When + can you open?

: 너는 언제 열 수 있니?

I can open in January.

: 나는 1월에 열 수 있어.

- -

When + can you stay?

: 너는 언제 머물 수 있니?

I can stay in March.

: 나는 3월에 머물 수 있어.

- -

When + can you close?

: 너는 언제 닫을 수 있니?

I can close in September.

: 나는 9월에 닫을 수 있어.

- -

When + can you come?

: 너는 언제 올 수 있니?

I can come in December.

: 나는 12월에 올 수 있어.

When + can you marry?

: 너는 언제 결혼할 수 있니?

I can marry in the spring.

: 나는 봄에 결혼할 수 있어.

When + can you drive?

: 너는 언제 운전할 수 있니?

I can drive in the summer.

: 나는 여름에 운전할 수 있어.

When + can you learn?

: 너는 언제 배울 수 있니?

I can learn in the winter.

: 나는 겨울에 배울 수 있어.

When + can you finish?

: 너는 언제 끝낼 수 있니?

I can finish in the morning.

: 나는 아침에 끝낼 수 있어.

When + can you go?

: 너는 언제 갈 수 있니?

I can go in the afternoon.

: 나는 오후에 갈 수 있어.

- -

When + can you start?

: 너는 언제 시작할 수 있니?

I can start in the evening.

: 나는 저녁에 시작할 수 있어.

여기서 잠깐!

회화에서 시간을 나타내는 표현을 쓸 때 가장 많이 사용하는 단어 중에 하나가 'in'입니다.

'in'은 주로 개념이 큰 시간(연도, 월 등) 앞에서 자주 사용합니다. 또한, 정확히 구분 지어지는 시간일 때도 'in'을 사용합니다.

예) - in 1998 : 1998년에 (연도)

- in January : 1월에 (월, 달)

- in the summer : 여름에 (봄, 여름, 가을, 겨울로 나누어진다)

- in the morning : 아침에 (아침, 점심, 저녁으로 나누어진다)

말 트이기 연습

121. 너는 언제 열 수 있니?

....

122. 나는 1월에 열 수 있어.

....

123. 너는 언제 머물 수 있니?

....

124. 나는 3월에 머물 수 있어.

....

125. 너는 언제 닫을 수 있니?

....

126. 나는 9월에 닫을 수 있어.

....

127. 너는 언제 올 수 있니?

....

128. 나는 12월에 올 수 있어.

....

129. 너는 언제 결혼할 수 있니?

....

130. 나는 봄에 결혼할 수 있어.

....

131. 너는 언제 운전할 수 있니?

....

132. 나는 여름에 운전할 수 있어.

....

133. 너는 언제 배울 수 있니?

....

134. 나는 겨울에 배울 수 있어.

....

135. 너는 언제 끝낼 수 있니?

....

136. 나는 아침에 끝낼 수 있어.

....

137. 너는 언제 갈 수 있니?

....

138. 나는 오후에 갈 수 있어.

....

139. 너는 언제 시작할 수 있니?

....

140. 나는 저녁에 시작할 수 있어.

....

말 트이기 연습 - 해답

121. 너는 언제 열 수 있니?

When can you open?

122. 나는 1월에 열 수 있어.

I can open in January.

123. 너는 언제 머물 수 있니?

When can you stay?

124. 나는 3월에 머물 수 있어.

I can stay in March.

125. 너는 언제 닫을 수 있니?

When can you close?

126. 나는 9월에 닫을 수 있어.

I can close in September.

127. 너는 언제 올 수 있니?

When can you come?

128. 나는 12월에 올 수 있어.

I can come in December.

129. 너는 언제 결혼할 수 있니?

When can you marry?

130. 나는 봄에 결혼할 수 있어.

I can marry in the spring.

131. 너는 언제 운전할 수 있니?

When can you drive?

132. 나는 여름에 운전할 수 있어.

I can drive in the summer.

133. 너는 언제 배울 수 있니?

When can you learn?

134. 나는 겨울에 배울 수 있어.

I can learn in the winter.

135. 너는 언제 끝낼 수 있니?

When can you finish?

136. 나는 아침에 끝낼 수 있어.

I can finish in the morning.

137. 너는 언제 갈 수 있니?

When can you go?

138. 나는 오후에 갈 수 있어.

I can go in the afternoon.

139. 너는 언제 시작할 수 있니?

When can you start?

140. 나는 저녁에 시작할 수 있어.

I can start in the evening.

38강 [너는 + 언제 + 할 거니?]

When + will you + 동사 ?

TIP

우리가 1권에서 배웠던 문장 '너는 ~ 할 거니?'(Will you + 동사)에서 앞에 'When'을 집어넣어 'When will you ~ ?'라고 하면 '너는 언제 ~ 할 거니?' 라는 구체적인 의문문 형식이 된다. 'when'은 '언제'라는 의미의 의문사가 된다.

오늘의 단어

Monday [먼데이]	Tuesday [투우즈데이]
월요일	화요일
Wednesday [웬즈데이]	Thursday [썰스데이]
수요일	목요일
Friday [프라이데이]	Saturday [세러데이]
금요일	토요일
Sunday [썬데이]	dawn [던]
일요일	새벽
noon [누운]	night [나잇]
정오	밤

* 보통 시간을 나타내는 의미는 in, on, at을 주로 쓴다. 요일은 on, 순간적인 시간은 at을 쓴다.

[When] + will you leave?

: 너는 언제 떠날 거니?

I will leave on Monday.

: 나는 월요일에 떠날 거야.

[When] + will you arrive?

: 너는 언제 도착할 거니?

I will arrive on Tuesday.

: 나는 화요일에 도착할 거야.

[When] + will you call?

: 너는 언제 전화할 거니?

I will call on Wednesday.

: 나는 수요일에 전화할 거야.

[When] + will you meet?

: 너는 언제 만날 거니?

I will meet on Thursday.

: 나는 목요일에 만날 거야.

When + will you help?

: 너는 언제 도울 거니?

I will help on Friday.

: 나는 금요일에 도울 거야.

When + will you visit?

: 너는 언제 방문할 거니?

I will visit on Saturday.

: 나는 토요일에 방문할 거야.

When + will you work?

: 너는 언제 일할 거니?

I will work on Sunday.

: 나는 일요일에 일할 거야.

When + will you study?

: 너는 언제 공부할 거니?

I will study at dawn.

: 나는 새벽에 공부할 거야.

When + will you start?

: 너는 언제 시작할 거니?

I will start at noon.

: 나는 정오에 시작할 거야.

- -

When + will you come?

: 너는 언제 올 거니?

I will come at night.

: 나는 밤에 올 거야.

여기서 잠깐!

시간을 나타내는 다른 표현을 보면 in 말고도, 'on, at' 등이 쓰입니다.

보통은 'in 〉 on 〉 at' 의 개념으로 나누어서 'on'은 좀 더 작은 시간(요일, 날짜) 앞에, 'at'은 더 작은 개념의 시간(일반적인 시간) 앞에 쓰입니다. 그 외에 'on'은 '위에 붙여서'란 의미로서, '어떤 잊을 수 없는 기념할 만한 특정한 시간' 즉, '동그라미를 그려서(위에 붙여서) 기억하고 싶은 날'에 사용하기도 하고, 'at'는 '곧 사라질 순간이나 시간'에 쓴다고 기억해 두세요.

예) - on Monday   : 월요일에 (요일이나 날짜 앞에)

- on my birthday : 내 생일에 (특정한 날에)

- at 3   : 3시에 (일반적인 시간)

- at night   : 밤에 (해가 뜨기 전 찰나의 순간)

말 트이기 연습

141. 너는 언제 떠날 거니?

....

142. 나는 월요일에 떠날 거야.

....

143. 너는 언제 도착할 거니?

....

144. 나는 화요일에 도착할 거야.

....

145. 너는 언제 전화할 거니?

....

146. 나는 수요일에 전화할 거야.

....

147. 너는 언제 만날 거니?

....

148. 나는 목요일에 만날 거야.

....

149. 너는 언제 도울 거니?

....

150. 나는 금요일에 도울 거야.

....

151. 너는 언제 방문할 거니?

....

152. 나는 토요일에 방문할 거야.

....

153. 너는 언제 일할 거니?

....

154. 나는 일요일에 일할 거야.

....

155. 너는 언제 공부할 거니?

....

156. 나는 새벽에 공부할 거야.

....

157. 너는 언제 시작할 거니?

....

158. 나는 정오에 시작할 거야.

....

159. 너는 언제 올 거니?

....

160. 나는 밤에 올 거야.

....

말 트이기 연습 - 해답

141. 너는 언제 떠날 거니?

When will you leave?

142. 나는 월요일에 떠날 거야.

I will leave on Monday.

143. 너는 언제 도착할 거니?

When will you arrive?

144. 나는 화요일에 도착할 거야.

I will arrive on Tuesday.

145. 너는 언제 전화할 거니?

When will you call?

146. 나는 수요일에 전화할 거야.

I will call on Wednesday.

147. 너는 언제 만날 거니?

When will you meet?

148. 나는 목요일에 만날 거야.

I will meet on Thursday.

149. 너는 언제 도울 거니?

When will you help?

150. 나는 금요일에 도울 거야.

I will help on Friday.

151. 너는 언제 방문할 거니?

When will you visit?

152. 나는 토요일에 방문할 거야.

I will visit on Saturday.

153. 너는 언제 일할 거니?

When will you work?

154. 나는 일요일에 일할 거야.

I will work on Sunday.

155. 너는 언제 공부할 거니?

When will you study?

156. 나는 새벽에 공부할 거야.

I will study at dawn.

157. 너는 언제 시작할 거니?

When will you start?

158. 나는 정오에 시작할 거야.

I will start at noon.

159. 너는 언제 올 거니?

When will you come?

160. 나는 밤에 올 거야.

I will come at night.

39강 [너는 + 어디서 + 하니?]

Where + do you + 동사 ?

TIP

우리가 1권에서 배웠던 문장 '너는 ~ 하니?'(Do you + 동사)에서 앞에 'Where'을 집어넣어 'Where do you ~ ?'라고 하면 '너는 어디서 ~ 하니?' 라는 구체적인 의문문 형식이 된다. 'where'은 '어디서, 어디로'라는 의미 의 의문사가 된다.

오늘의 단어

have a meal	take a nap
식사하다	낮잠 자다
get a ticket	make a list
표를 구하다	목록을 작성하다
get the book	take a lesson
책을 얻다 / 사다	수업을 받다
get a job	have a walk
일자리를 얻다	산책하다
have dinner	get a visa
저녁을 먹다	비자를 얻다

Where + do you have a meal?
: 너는 어디서 식사하니?

do you take a nap?
: 너는 어디서 낮잠 자니?

do you get a ticket?
: 너는 어디서 표 사니?

do you make a list?
: 너는 어디서 목록 작성하니?

do you get the book?
: 너는 어디서 그 책을 얻니?/사니?

do you take a lesson?
: 너는 어디서 수업 받니?

do you get a job?
: 너는 어디서 일자리를 얻니?

do you have a walk?
: 너는 어디서 산책하니?

do you have dinner?
: 너는 어디서 저녁을 먹니?

do you get a visa?
: 너는 어디서 비자를 얻니?

말 트이기 연습

161. 너는 어디서 식사하니?

....

162. 너는 어디서 낮잠 자니?

....

163. 너는 어디서 표 사니?

....

164. 너는 어디서 목록 작성하니?

....

165. 너는 어디서 그 책을 얻니? / 사니?

....

166. 너는 어디서 수업 받니?

....

167. 너는 어디서 일자리를 얻니?

....

168. 너는 어디서 산책하니?

....

169. 너는 어디서 저녁을 먹니?

....

170. 너는 어디서 비자를 얻니?

....

171. 너는 어디서 (물건을) 사니?

....

172. 너는 어디로 가니?

....

173. 너는 어디서 자니?

....

174. 너는 어디서 주차하니?

....

175. 너는 어디로 전화하니?

....

176. 너는 어디서 배우니?

....

177. 너는 어디서 사니?

....

178. 너는 어디서 머무르니?

....

179. 너는 어디서 요리하니?

....

180. 너는 어디서 결혼하니?

....

말 트이기 연습 – 해답

161. 너는 어디서 식사하니?

Where do you have a meal?

162. 너는 어디서 낮잠 자니?

Where do you take a nap?

163. 너는 어디서 표 사니?

Where do you get a ticket?

164. 너는 어디서 목록 작성하니?

Where do you make a list?

165. 너는 어디서 그 책을 얻니? / 사니?

Where do you get the book?

166. 너는 어디서 수업 받니?

Where do you take a lesson?

167. 너는 어디서 일자리를 얻니?

Where do you get a job?

168. 너는 어디서 산책하니?

Where do you have a walk?

169. 너는 어디서 저녁을 먹니?

Where do you have dinner?

170. 너는 어디서 비자를 얻니?

Where do you get a visa?

171. 너는 어디서 (물건을) 사니?

Where do you get?

172. 너는 어디로 가니?

Where do you go?

173. 너는 어디서 자니?

Where do you sleep?

174. 너는 어디서 주차하니?

Where do you park?

175. 너는 어디로 전화하니?

Where do you call?

176. 너는 어디서 배우니?

Where do you learn?

177. 너는 어디서 사니?

Where do you live?

178. 너는 어디서 머무르니?

Where do you stay?

179. 너는 어디서 요리하니?

Where do you cook?

180. 너는 어디서 결혼하니?

Where do you marry?

40강 [너는 + 어디서 + 했니?]

Where + did you + 동사 ?

TIP

우리가 1권에서 배웠던 문장 '너는 ~ 했니?'(Did you + 동사)에서 앞에 'Where'을 집어넣어 'Where did you ~ ?'라고 하면 '너는 어디서 ~ 했니?'라 는 구체적인 의문문 형식이 된다. 'where'은 '어디서, 어디로'라는 의미의 의 문사가 된다.

오늘의 단어

have fun	get a call
즐기다	전화를 받다
make a plan	take a photo
계획을 짜다	사진을 찍다
do homework	get an email
숙제를 하다	이메일을 받다
take exercise	get a discount
운동을 하다	할인을 받다
do the laundry	take a shower
빨래를 하다	샤워를 하다

: 너는 어디서 즐겼니?

Where + did you have fun?

did you have fun on Saturday?

: 너는 토요일 날 어디서 즐겼니?

: 너는 어디서 전화 받았니?

Where + did you get a call?

did you get a call in the morning?

: 너는 아침에 어디서 전화 받았니?

: 너는 어디서 계획 짰니?

Where + did you make a plan?

did you make a plan today?

: 너는 오늘 어디서 계획 짰니?

: 너는 어디서 사진 찍었니?

Where + did you take a photo?

did you take a photo in the afternoon?

: 너는 오후에 어디서 사진 찍었니?

: 너는 어디서 숙제 했니?

Where + did you do homework?

did you do homework at night?

: 너는 밤에 어디서 숙제 했니?

- -

: 너는 어디서 이메일 받았니?

Where + did you get an email?

did you get an email on Friday?

: 너는 금요일 날 어디서 이메일 받았니?

- -

: 너는 어디서 운동했니?

Where + did you take exercise?

did you take exercise last year?

: 너는 작년에 어디서 운동했니?

- -

: 너는 어디서 할인 받았니?

Where + did you get a discount?

did you get a discount before?

: 너는 전에 어디서 할인 받았니?

: 너는 어디서 빨래했니?

$\boxed{\text{Where}}$ + did you do the laundry?
did you do the laundry then?

: 너는 그때 어디서 빨래했니?

- -

: 너는 어디서 샤워했니?

$\boxed{\text{Where}}$ + did you take a shower?
did you take a shower tonight?

: 너는 오늘 밤 어디서 샤워했니?

여기서 잠깐!

우리가 생활하다가 물건을 사거나, 표를 구입할 때 '몇 퍼센트 할인 받았다'라는 말을 많이 하게 됩니다. 앞에서 배운 '할인 받다 = get a discount' 표현을 이용해서 다양한 표현을 사용하세요. 'discount' 단어 앞에 할인 받는 '몇 %'만 넣으시면 됩니다.

예) - get a 10% discount : 10% 할인 받다
- get a 45% discount : 45% 할인 받다

말 트이기 연습

181. 너는 어디서 즐겼니?

....

182. 너는 토요일 날 어디서 즐겼니?

....

183. 너는 어디서 전화 받았니?

....

184. 너는 아침에 어디서 전화 받았니?

....

185. 너는 어디서 계획 짰니?

....

186. 너는 오늘 어디서 계획 짰니?

....

187. 너는 어디서 사진 찍었니?

....

188. 너는 오후에 어디서 사진 찍었니?

....

189. 너는 어디서 숙제 했니?

....

190. 너는 밤에 어디서 숙제 했니?

....

191. 너는 어디서 이메일 받았니?

....

192. 너는 금요일 날 어디서 이메일 받았니?

....

193. 너는 어디서 운동했니?

....

194. 너는 작년에 어디서 운동했니?

....

195. 너는 어디서 할인 받았니?

....

196. 너는 전에 어디서 할인 받았니?

....

197. 너는 어디서 빨래했니?

....

198. 너는 그때 어디서 빨래했니?

....

199. 너는 어디서 샤워했니?

....

200. 너는 오늘 밤 어디서 샤워했니?

....

말 트이기 연습 - 해답

181. 너는 어디서 즐겼니?

Where did you have fun?

182. 너는 토요일 날 어디서 즐겼니?

Where did you have fun on Saturday?

183. 너는 어디서 전화 받았니?

Where did you get a call?

184. 너는 아침에 어디서 전화 받았니?

Where did you get a call in the morning?

185. 너는 어디서 계획 짰니?

Where did you make a plan?

186. 너는 오늘 어디서 계획 짰니?

Where did you make a plan today?

187. 너는 어디서 사진 찍었니?

Where did you take a photo?

188. 너는 오후에 어디서 사진 찍었니?

Where did you take a photo in the afternoon?

189. 너는 어디서 숙제 했니?

Where did you do homework?

190. 너는 밤에 어디서 숙제 했니?

Where did you do homework at night?

191. 너는 어디서 이메일 받았니?

Where did you get an email?

192. 너는 금요일 날 어디서 이메일 받았니?

Where did you get an email on Friday?

193. 너는 어디서 운동했니?

Where did you take exercise?

194. 너는 작년에 어디서 운동했니?

Where did you take exercise last year?

195. 너는 어디서 할인 받았니?

Where did you get a discount?

196. 너는 전에 어디서 할인 받았니?

Where did you get a discount before?

197. 너는 어디서 빨래했니?

Where did you do the laundry?

198. 너는 그때 어디서 빨래했니?

Where did you do the laundry then?

199. 너는 어디서 샤워했니?

Where did you take a shower?

200. 너는 오늘 밤 어디서 샤워했니?

Where did you take a shower tonight?

41강 [너는 + 어디서 + 할 수 있니?]

Where + can you + 동사 ?

TIP

우리가 1권에서 배웠던 문장 '너는 ~ 할 수 있니?'(Can you + 동사)에서 앞에 'Where'을 집어넣어 'Where can you ~ ?'라고 하면 '너는 어디서 ~ 할수 있니?'라는 구체적인 의문문 형식이 된다. 'where'은 '어디서, 어디로'라는 의미의 의문사가 된다.

오늘의 단어

the States [스테이츠]	Seoul [서울]
연방국가 / 미국	서울
supermarket [수퍼말켓]	City Hall [씨디헐]
슈퍼마켓	시청
living room [리빙루움]	mountain [마운튼]
거실	산
hospital [허스삐달]	parking lot [팔킹 랏]
병원	주차장
downtown [다운타운]	suburban [서벌반]
시내	교외, 근교

* 미국은 여러 주가 하나로 통합된 국가이므로 'the States'라고 부르기도 한다.

Where + can you study?
: 너는 어디서 공부할 수 있니?

I can study in the States.
: 나는 미국에서 공부할 수 있어.

- -

Where + can you stay?
: 너는 어디서 머물 수 있니?

I can stay in Seoul.
: 나는 서울에 머물 수 있어.

- -

Where + can you buy?
: 너는 어디서 살 수 있니?

I can buy in the supermarket.
: 나는 슈퍼마켓에서 살 수 있어.

- -

Where + can you meet?
: 너는 어디서 만날 수 있니?

I can meet in the City Hall.
: 나는 시청에서 만날 수 있어.

$\boxed{\text{Where}}$ + can you read?

: 너는 어디서 읽을 수 있니?

I can read in the living room.

: 나는 거실에서 읽을 수 있어.

$\boxed{\text{Where}}$ + can you see?

: 너는 어디서 볼 수 있니?

I can see in the mountain.

: 나는 산에서 볼 수 있어.

$\boxed{\text{Where}}$ + can you help?

: 너는 어디서 도울 수 있니?

I can help in the hospital.

: 나는 병원에서 도울 수 있어.

$\boxed{\text{Where}}$ + can you park?

: 너는 어디서 주차할 수 있니?

I can park in the parking lot.

: 나는 주차장에서 주차할 수 있어.

Where + can you get?

: 너는 어디서 살 수 있니?

I can get in downtown.

: 나는 시내에서 살 수 있어.

- -

Where + can you work?

: 너는 어디서 일할 수 있니?

I can work in suburban.

: 나는 근교에서 일할 수 있어.

여기서 잠깐!

회화에서 장소를 나타내는 표현을 쓸 때 가장 많이 사용하는 단어 중의 하나가 'in'입니다.

'in'은 주로 개념이 큰 장소(나라, 도시 등등) 앞에서 자주 사용합니다. 또한, 정확히 구분 지어지는 장소(벽으로 둘러싸여서 안과 밖이 나누어지는 장소)나 경계가 분명한 장소일 때도 'in'을 사용합니다.

예) - in Korea   : 한국에서 (나라, 도시 등)
　 - in Seoul   : 서울에서 (나라, 도시 등)
　 - in the room   : 방에서 (안과 밖이 정확히 구분되는 장소)
　 - in a newspaper : 신문에서 (신문이라는 경계가 분명한 장소)

말 트이기 연습

201. 너는 어디서 공부할 수 있니?

....

202. 나는 미국에서 공부할 수 있어.

....

203. 너는 어디서 머물 수 있니?

....

204. 나는 서울에 머물 수 있어.

....

205. 너는 어디서 살 수 있니?

....

206. 나는 슈퍼마켓에서 살 수 있어.

....

207. 너는 어디서 만날 수 있니?

....

208. 나는 시청에서 만날 수 있어.

....

209. 너는 어디서 읽을 수 있니?

....

210. 나는 거실에서 읽을 수 있어.

....

211. 너는 어디서 볼 수 있니?

....

212. 나는 산에서 볼 수 있어.

....

213. 너는 어디서 도울 수 있니?

....

214. 나는 병원에서 도울 수 있어.

....

215. 너는 어디서 주차할 수 있니?

....

216. 나는 주차장에서 주차할 수 있어.

....

217. 너는 어디서 살 수 있니?

....

218. 나는 시내에서 살 수 있어.

....

219. 너는 어디서 일할 수 있니?

....

220. 나는 근교에서 일할 수 있어.

....

말 트이기 연습 - 해답

201. 너는 어디서 공부할 수 있니?
Where can you study?

202. 나는 미국에서 공부할 수 있어.
I can study in the States.

203. 너는 어디서 머물 수 있니?
Where can you stay?

204. 나는 서울에 머물 수 있어.
I can stay in Seoul.

205. 너는 어디서 살 수 있니?
Where can you buy?

206. 나는 슈퍼마켓에서 살 수 있어.
I can buy in the supermarket.

207. 너는 어디서 만날 수 있니?
Where can you meet?

208. 나는 시청에서 만날 수 있어.
I can meet in the City Hall.

209. 너는 어디서 읽을 수 있니?
Where can you read?

210. 나는 거실에서 읽을 수 있어.
I can read in the living room.

211. 너는 어디서 볼 수 있니?

Where can you see?

212. 나는 산에서 볼 수 있어.

I can see in the mountain.

213. 너는 어디서 도울 수 있니?

Where can you help?

214. 나는 병원에서 도울 수 있어.

I can help in the hospital.

215. 너는 어디서 주차할 수 있니?

Where can you park?

216. 나는 주차장에서 주차할 수 있어.

I can park in the parking lot.

217. 너는 어디서 살 수 있니?

Where can you get?

218. 나는 시내에서 살 수 있어.

I can get in downtown.

219. 너는 어디서 일할 수 있니?

Where can you work?

220. 나는 근교에서 일할 수 있어.

I can work in suburban.

42강 [너는 + 어디서 + 할 거니?]

Where + will you + 동사 ?

TIP

우리가 1권에서 배웠던 문장 '너는 ~ 할 거니?'(Will you + 동사)에서 앞에 'Where'을 집어넣으면 '너는 어디서 ~ 할 거니?'라는 구체적인 의문문 형식이 된다. 'where'은 '어디서, 어디로'라는 의미의 의문사가 된다.

오늘의 단어

first [펄스트]	second [세컨드]
첫 번째	두 번째
third [썰드]	fourth [폴쓰]
세 번째	네 번째
fifth [피프쓰]	sixth [씩스쓰]
다섯 번째	여섯 번째
tenth [텐쓰]	floor [플로얼]
열 번째	층, 마루
corner [코널]	farm [파암]
코너	농장

* 'first', 'fourth', 'fifth', 'floor', 'farm'에서 'f' 발음은 아랫입술을 물었다가 내뱉듯이 발음한다.
* 'fourth', 'fifth', 'sixth', 'tenth'에서 'th' 발음은 혀를 물었다가 빼면서 'ㅅ'라고 발음한다.

Where + will you read?

: 너는 어디서 읽을 거니?

I will read on the floor.

: 나는 바닥에서 읽을 거야.

- -

Where + will you buy?

: 너는 어디서 구입할 거니?

I will buy on the first floor.

: 나는 1층에서 구입할 거야.

- -

Where + will you clean?

: 너는 어디서 청소할 거니?

I will clean on the second floor.

: 나는 2층에서 청소할 거야.

- -

Where + will you live?

: 너는 어디서 살 거니?

I will live on the third floor.

: 나는 3층에서 살 거야.

Where + will you meet?

: 너는 어디서 만날 거니?

I will meet on the fourth floor.

: 나는 4층에서 만날 거야.

Where + will you sleep?

: 너는 어디서 잘 거니?

I will sleep on the fifth floor.

: 나는 5층에서 잘 거야.

Where + will you stay?

: 너는 어디서 머물 거니?

I will stay on the sixth floor.

: 나는 6층에서 머물 거야.

Where + will you open?

: 너는 어디서 열 거니?

I will open on the tenth floor.

: 나는 10층에서 열 거야.

Where + will you wait?

: 너는 어디서 기다릴 거니?

I will wait on the corner.

: 나는 코너에서 기다릴 거야.

- -

Where + will you work?

: 너는 어디서 일할 거니?

I will work on the farm.

: 나는 농장에서 일할 거야.

여기서 잠깐!

장소를 나타내는 다른 표현을 보면 in 말고도, 'on, at' 등이 쓰입니다.

보통은 'in 〉 on 〉 at'의 개념으로 나누어서 'on'은 좀 더 작은 장소(지도상에서 선이나 구역으로 보이는 거리나 농장) 앞에 쓰이기도 하고, '위에 붙어서'란 의미로서, '바닥 위나 코너 위'라는 의미로도 사용됩니다. 'at'은 좀 더 작은 장소나 '근처'라는 의미로 가끔 사용됩니다.

예) - on the 1st floor   : 1층에서

    - on the corner   : 코너에서

    - on the farm   : 농장에서

    - at home   : 집에서 (가장 작은 개념의 장소)

    - at the bus station : 버스 정거장에서 (버스 정거장 근처에서)

말 트이기 연습

221. 너는 어디서 읽을 거니?

....

222. 나는 바닥에서 읽을 거야.

....

223. 너는 어디서 구입할 거니?

....

224. 나는 1층에서 구입할 거야.

....

225. 너는 어디서 청소할 거니?

....

226. 나는 2층에서 청소할 거야.

....

227. 너는 어디서 살 거니?

....

228. 나는 3층에서 살 거야.

....

229. 너는 어디서 만날 거니?

....

230. 나는 4층에서 만날 거야.

....

231. 너는 어디서 잘 거니?

....

232. 나는 5층에서 잘 거야.

....

233. 너는 어디서 머물 거니?

....

234. 나는 6층에서 머물 거야.

....

235. 너는 어디서 열 거니?

....

236. 나는 10층에서 열 거야.

....

237. 너는 어디서 기다릴 거니?

....

238. 나는 코너에서 기다릴 거야.

....

239. 너는 어디서 일할 거니?

....

240. 나는 농장에서 일할 거야.

....

말 트이기 연습 - 해답

221. 너는 어디서 읽을 거니?

Where will you read?

222. 나는 바닥에서 읽을 거야.

I will read on the floor.

223. 너는 어디서 구입할 거니?

Where will you buy?

224. 나는 1층에서 구입할 거야.

I will buy on the first floor.

225. 너는 어디서 청소할 거니?

Where will you clean?

226. 나는 2층에서 청소할 거야.

I will clean on the second floor.

227. 너는 어디서 살 거니?

Where will you live?

228. 나는 3층에서 살 거야.

I will live on the third floor.

229. 너는 어디서 만날 거니?

Where will you meet?

230. 나는 4층에서 만날 거야.

I will meet on the fourth floor.

231. 너는 어디서 잘 거니?

Where will you sleep?

232. 나는 5층에서 잘 거야.

I will sleep on the fifth floor.

233. 너는 어디서 머물 거니?

Where will you stay?

234. 나는 6층에서 머물 거야.

I will stay on the sixth floor.

235. 너는 어디서 열 거니?

Where will you open?

236. 나는 10층에서 열 거야.

I will open on the tenth floor.

237. 너는 어디서 기다릴 거니?

Where will you wait?

238. 나는 코너에서 기다릴 거야.

I will wait on the corner.

239. 너는 어디서 일할 거니?

Where will you work?

240. 나는 농장에서 일할 거야.

I will work on the farm.

43강 [나는 + ～ 했다 (1)]

규칙 동사 과거형

TIP

'～ 하다'라는 동사에 '-ed' 혹은 '-ied'를 붙이면 '나는 ～ 했다'라는 과거의
의미가 된다.
이렇게 변하는 형태를 '규칙 동사'라고 한다.

현재형 (～하다)		과거형 (～했다)	현재형 (～하다)		과거형 (～했다)
play	놀다, 연주하다, 경기하다	played	learn	배우다	learned
stay	머물다, 묵다	stayed	call	부르다, 전화하다	called
start	시작하다	started	clean	청소하다	cleaned
visit	방문하다	visited	live	살다	lived
wait	기다리다	waited	work	일하다	worked
finish	끝내다	finished	check	체크하다	checked
wash	닦다	washed	help	돕다	helped
watch	(지켜)보다	watched	walk	걷다	walked
close	닫다	closed	marry	결혼하다	married
open	열다	opened	study	공부하다	studied
move	움직이다, 옮기다	moved	try	시도하다, ～해보다	tried

I play + ed + football.
: 나는 축구 경기 한다 / 했다.

I stay + ed + in Korea.
: 나는 한국에 머문다 / 머물렀다.

I start + ed + the test.
: 나는 시험을 시작한다 / 시작했다.

I visit + ed + the house.
: 나는 집을 방문한다 / 방문했다.

I wait + ed + in the classroom.
: 나는 교실에서 기다린다 / 기다렸다.

I finish + ed + homework.
: 나는 숙제를 끝낸다 / 끝냈다.

I wash + ed + my face.
: 나는 내 얼굴을 씻는다 / 씻었다.

I watch + ed + TV.
: 나는 TV를 본다 / 보았다.

I clos(e) + ed + the window.
: 나는 창문을 닫는다 / 닫았다.

I open + ed + the door.
: 나는 문을 연다 / 열었다.

I mov(e) + ed + the desk.
: 나는 책상을 옮긴다 / 옮겼다.

I learn + ed + Chinese.
: 나는 중국어를 배운다 / 배웠다.

I call + ed + the police.
: 나는 경찰을 부른다 / 불렀다.

I clean + ed + the room.
: 나는 방을 청소한다 / 청소했다.

I liv(e) + ed + in the city.
: 나는 도시에 산다 / 살았다.

I work + ed + hard.
: 나는 열심히 일한다 / 일했다.

I check + ⌈ed⌉ + the list.

: 나는 명단을 체크한다 / 체크했다.

I walk + ⌈ed⌉ + together.

: 나는 함께 걷는다 / 걸었다.

I marr(y) + ⌈ied⌉ + the girl.

: 나는 그 소녀와 결혼한다 / 결혼했다.

I stud(y) + ⌈ied⌉ + English.

: 나는 영어를 공부한다 / 공부했다.

여기서 잠깐!

주로 '~ 하다'라는 동사의 과거형 의미 '~ 했다'라는 표현을 쓸 때 '동사' 뒤에 'ed'를 붙여줍니다. 이런 일반적인 동사를 '규칙 동사'라고 합니다.

예) - play (놀다, 연주하다) / played (놀았다, 연주했다)

  - stay (머물다)　　　 / stayed (머물렀다)

  - help (돕다)　　　　 / helped (도왔다)

그런데 'ed'만 붙는 것이 아니고, 'ied'로 형태가 변할 때도 있습니다.

동사 끝이 '자음 + y' 로 끝나는 경우에는 'y'를 'i'로 바꿔 주고, 뒤에 'ed' 를 붙입니다.

예) - marry (결혼하다) / married (결혼했다)

　　　=〉 단어 끝에 r (자음) + y 이므로 'y'를 'i'로 바꾼 뒤 ed를 붙임.

  - study (공부하다) / studied (공부했다)

　　　=〉 단어 끝에 d (자음) + y 이므로 'y'를 'i'로 바꾼 뒤 ed를 붙임.

  - try (시도하다) 　 / tried (시도했다)

　　　=〉 단어 끝에 r (자음) + y 이므로 'y'를 'i'로 바꾼 뒤 ed를 붙임.

말 트이기 연습

241. 나는 축구 경기 했다.

....

242. 나는 한국에 머물렀다.

....

243. 나는 시험을 시작했다.

....

244. 나는 집을 방문했다.

....

245. 나는 교실에서 기다렸다.

....

246. 나는 숙제를 끝냈다.

....

247. 나는 내 얼굴을 씻었다.

....

248. 나는 TV를 보았다.

....

249. 나는 창문을 닫았다.

....

250. 나는 문을 열었다.

....

251. 나는 책상을 옮겼다.

....

252. 나는 중국어를 배웠다.

....

253. 나는 경찰을 불렀다.

....

254. 나는 방을 청소했다.

....

255. 나는 도시에 살았다.

....

256. 나는 열심히 일했다.

....

257. 나는 명단을 체크했다.

....

258. 나는 그 남자를 도왔다.

....

259. 나는 함께 걸었다.

....

260. 나는 그 소녀와 결혼했다.

....

말 트이기 연습 - 해답

241. 나는 축구 경기 했다.

I played football.

242. 나는 한국에 머물렀다.

I stayed in Korea.

243. 나는 시험을 시작했다.

I started the test.

244. 나는 집을 방문했다.

I visited the house.

245. 나는 교실에서 기다렸다.

I waited in the classroom.

246. 나는 숙제를 끝냈다.

I finished homework.

247. 나는 내 얼굴을 씻었다.

I washed my face.

248. 나는 TV를 보았다.

I watched TV.

249. 나는 창문을 닫았다.

I closed the window.

250. 나는 문을 열었다.

I opened the door.

251. 나는 책상을 옮겼다.
I moved the desk.

252. 나는 중국어를 배웠다.
I learned Chinese.

253. 나는 경찰을 불렀다.
I called the police.

254. 나는 방을 청소했다.
I cleaned the room.

255. 나는 도시에 살았다.
I lived in the city.

256. 나는 열심히 일했다.
I worked hard.

257. 나는 명단을 체크했다.
I checked the list.

258. 나는 그 남자를 도왔다.
I helped the man.

259. 나는 함께 걸었다.
I walked together.

260. 나는 그 소녀와 결혼했다.
I married the girl.

44강 [나는 + ~ 했다 (2)]

불규칙 동사 과거형

TIP

'~ 하다'라는 동사에 불규칙 형태가 와서 '나는 ~ 했다'라는 과거의 의미가 된다.

이렇게 변하는 형태를 '불규칙 동사'라고 한다.

현재형 (~하다)		과거형 (~했다)	현재형 (~하다)		과거형 (~했다)
have	가지다, 먹다	had	get	~ 받다	got
sit	앉다	sat	sing	노래하다	sang
stand	서다	stood	give	주다	gave
meet	만나다	met	write	쓰다	wrote
make	만들다	made	drive	운전하다	drove
hear	듣다	heard	go	가다	went
sleep	자다	slept	see	보다	saw
buy	사다	bought	eat	먹다	ate
teach	가르치다	taught	read	읽다	*read
drink	마시다	drank	come	오다	came
take	~ 하다	took	run	달리다	ran

* 현재형 'read' [우리이드] : 읽다 / 과거형 'read' [우뤠에드] : 읽었다

I [have / had] + lunch.
: 나는 점심을 먹는다 / 먹었다.

I [sit / sat] + on the chair.
: 나는 의자에 앉는다 / 앉았다.

I [stand / stood] + there.
: 나는 거기 서 있다 / 서 있었다.

I [meet / met] + the boy.
: 나는 그 소년을 만난다 / 만났다.

I [make / made] + coffee.
: 나는 커피를 탄다 / 탔다.

I [hear / heard] + the news.
: 나는 그 뉴스를 듣는다 / 들었다.

I [sleep / slept] + tonight.
: 나는 오늘 밤 잔다 / 잤다.

I [buy / bought] + the ticket.
: 나는 티켓을 산다 / 샀다.

I [teach / taught] + the dog.
: 나는 그 개를 가르친다 / 가르쳤다.

I [drink / drank] + juice.
: 나는 주스를 마신다 / 마셨다.

I [take / took] + exercise.
: 나는 운동을 한다 / 했다.

I [get / got] + a call.
: 나는 전화를 받는다 / 받았다.

I [sing / sang] + a song.
: 나는 노래를 부른다 / 불렀다.

I [give / gave] + the flower.
: 나는 그 꽃을 준다 / 주었다.

I [write / wrote] + a letter.
: 나는 편지를 쓴다 / 썼다.

I [drive / drove] + again.
: 나는 다시 운전한다 / 운전했다.

I $\boxed{\text{go / went}}$ + home.

: 나는 집에 간다 / 갔다.

I $\boxed{\text{see / saw}}$ + the doctor.

: 나는 진찰 받는다 / 받았다.

I $\boxed{\text{eat / ate}}$ + breakfast.

: 나는 아침을 먹는다 / 먹었다.

I $\boxed{\text{come / came}}$ + today.

: 나는 오늘 온다 / 왔다.

I $\boxed{\text{run / ran}}$ + alone.

: 나는 혼자 뛴다 / 뛰었다.

I $\boxed{\text{read / read}}$ + the book.

: 나는 책을 읽는다 / 읽었다.

여기서 잠깐!

주로 '~ 하다'라는 동사의 과거형 의미 '~ 했다'라는 표현을 쓸 때 '동사' 뒤에 'ed'를 붙여줍니다. 이런 일반적인 동사를 '규칙 동사'라고 합니다. 하지만, 동사 과거형을 만들 때 'ed' 말고 아주 다르게 변하거나 발음이 달라지는 경우도 있습니다. 이런 특별한 경우를 '불규칙 동사'라고 합니다. 불규칙 동사는 그 수도 많고, 형태도 다양합니다. 반드시 입으로 소리 내서 외워두셔야 합니다. 교재 끝에 '불규칙 동사' 부록 참조.

▶ 발음주의 - read (읽다:우리이드) / read (읽었다:우뤠에드)

말 트이기 연습

261. 나는 점심을 먹었다.

....

262. 나는 의자에 앉았다.

....

263. 나는 거기 서 있었다.

....

264. 나는 그 소년을 만났다.

....

265. 나는 커피를 탔다.

....

266. 나는 그 뉴스를 들었다.

....

267. 나는 티켓을 샀다.

....

268. 나는 주스를 마셨다.

....

269. 나는 운동을 했다.

....

270. 나는 전화를 받았다.

....

271.　나는 노래를 불렀다.

....

272.　나는 그 꽃을 주었다.

....

273.　나는 편지를 썼다.

....

274.　나는 다시 운전했다.

....

275.　나는 집에 갔다.

....

276.　나는 진찰 받았다.

....

277.　나는 아침을 먹었다.

....

278.　나는 오늘 왔다.

....

279.　나는 혼자 뛰었다.

....

280.　나는 책을 읽었다.

....

말 트이기 연습 - 해답

261. 나는 점심을 먹었다.

I had lunch.

262. 나는 의자에 앉았다.

I sat on the chair.

263. 나는 거기 서 있었다.

I stood there.

264. 나는 그 소년을 만났다.

I met the boy.

265. 나는 커피를 탔다.

I made coffee.

266. 나는 그 뉴스를 들었다.

I heard the news.

267. 나는 티켓을 샀다.

I bought the ticket.

268. 나는 주스를 마셨다.

I drank juice.

269. 나는 운동을 했다.

I took exercise.

270. 나는 전화를 받았다.

I got a call.

271. 나는 노래를 불렀다.

I sang a song.

272. 나는 그 꽃을 주었다.

I gave the flower.

273. 나는 편지를 썼다.

I wrote a letter.

274. 나는 다시 운전했다.

I drove again.

275. 나는 집에 갔다.

I went home.

276. 나는 진찰 받았다.

I saw the doctor.

277. 나는 아침을 먹었다.

I ate breakfast.

278. 나는 오늘 왔다.

I came today.

279. 나는 혼자 뛰었다.

I ran alone.

280. 나는 책을 읽었다.

I read the book.

45강 [~(이)다, ~입니다
 ~에 있다]

Be동사

TIP

영어에는 주어의 행동이나 움직임을 나타내는 일반 동사 외에 또 하나의 동사가 있다. 바로 주어의 상태나 상황을 표현하는 'Be동사'이다. 의미는 다른 단어와 함께 쓰여서 '~이다, ~입니다, ~에 있다' 등의 의미를 가지고 있다.

오늘의 단어

young [영]	old [오울드]	hungry [헝그뤼이]	full [푸울]
젊은, 어린	나이 든, 늙은	배고픈	가득 찬, 배부른
tall [톨]	short [쉬올트]	good [구웃]	bad [배엣]
키가 큰	키가 작은	(상태가) 좋은, 착한	(상태가) 안 좋은, 나쁜
rich [우리취]	poor [푸어]	fat [펫]	skinny [스키이니]
돈 많은, 풍부한	가난한	뚱뚱한	마른, 얇은
happy [해피]	sad [새엣]	smart [스마알트]	stupid [스튜핏]
행복한	슬픈	똑똑한, 현명한	멍청한
pretty [프리리]	ugly [어글리]	strong [스트로웅]	weak [우위이크]
예쁜	못생긴	강한, 힘센	약한

* 'pretty'에서 'tt'는 약한 'ㄹ' 발음을 해 준다.
* 'fat', 'full'에서 'f' 발음도 아랫입술을 물었다가 내뱉듯이 발음한다.

be	+ (young / old)

: 젊다, 어리다 / 나이 들었다, 늙었다

be	+ (tall / short)

: 키가 크다 / 키가 작다

be	+ (rich / poor)

: 부자이다 / 가난하다

be	+ (happy / sad)

: 행복하다 / 슬프다

be	+ (pretty / ugly)

: 예쁘다 / 못생겼다

be	+ (hungry / full)

: 배고프다 / 배부르다

be	+ (good / bad)

: (상태가) 좋다 / 나쁘다

be	+ (fat / skinny)

: 뚱뚱하다 / 말랐다

be	+ (smart / stupid)

: 똑똑하다 / 멍청하다

be	+ (strong / weak)

: 강하다 / 약하다

말 트이기 연습

281. 젊다, 어리다

....

282. 나이 들었다, 늙었다

....

283. 키가 크다

....

284. 키가 작다

....

285. 부자이다

....

286. 가난하다

....

287. 행복하다

....

288. 슬프다

....

289. 예쁘다

....

290. 못생겼다

....

291. 배고프다

....

292. 배부르다

....

293. (상태가) 좋다

....

294. (상태가) 나쁘다

....

295. 뚱뚱하다

....

296. 말랐다

....

297. 똑똑하다

....

298. 멍청하다

....

299. 강하다

....

300. 약하다

....

말 트이기 연습 - 해답

281. 젊다, 어리다

be young

282. 나이 들었다, 늙었다

be old

283. 키가 크다

be tall

284. 키가 작다

be short

285. 부자이다

be rich

286. 가난하다

be poor

287. 행복하다

be happy

288. 슬프다

be sad

289. 예쁘다

be pretty

290. 못생겼다

be ugly

291. 배고프다

be hungry

292. 배부르다

be full

293. (상태가) 좋다

be good

294. (상태가) 나쁘다

be bad

295. 뚱뚱하다

be fat

296. 말랐다

be skinny

297. 똑똑하다

be smart

298. 멍청하다

be stupid

299. 강하다

be strong

300. 약하다

be weak

46강 [나는 + ~(이)다, ~입니다, ~에 있다]

주어(I) + be(am)

TIP

주어의 상태나 상황을 표현하는 'Be동사'는 어떤 주어가 오느냐에 따라 형태가 바뀐다. 주어 I(나는)가 오면 'Be동사'는 'am'으로 바뀌어서 'I am'이 된다. 의미는 '~이다, ~입니다, ~에 있다' 등의 현재형 의미를 가지고 있다. 명사가 올 때는 a, the를 반드시 붙임을 주의.

오늘의 단어

famous [페이모우스]	kind [카인드]
유명한	친절한
brave [브레이브]	new [뉴]
용감한	새로운
busy [비지]	doctor [닥털]
바쁜	의사
nurse [널스]	policeman [펄리스먼]
간호사	경찰관
student [스튜던트]	cook [쿡]
학생	요리사

* '_famous_'에서 'f' 발음은 아랫입술을 물었다가 내뱉듯이 발음한다.

be famous : 유명하다

I + am famous. : 나는 유명하다.

be a doctor : 의사이다

I + am a doctor. : 나는 의사이다.

be a famous doctor

I + am a famous doctor.

: 나는 유명한 의사이다.

- -

be kind : 친절하다

I + am kind. : 나는 친절하다.

be a nurse : 간호사이다

I + am a nurse. : 나는 간호사이다.

be a kind nurse

I + am a kind nurse.

: 나는 친절한 간호사이다.

be   brave   : 용감하다
I + (am) brave.   : 나는 용감하다.

be   a policeman   : 경찰관이다
I + (am) a policeman.   : 나는 경찰관이다.

be   a brave policeman
I + (am) a brave policeman.
                             : 나는 용감한 경찰관이다.

- -

be   new   : 새롭다
I + (am) new.   : 나는 새롭다.

be   a student   : 학생이다
I + (am) a student.   : 나는 학생이다.

be   a new student
I + (am) a new student.
                             : 나는 새로운 학생이다.

be   busy   : 바쁘다
I + (am) busy.   : 나는 바쁘다.

be   a cook   : 요리사이다
I + (am) a cook.   : 나는 요리사이다.

be   a busy cook
I + (am) a busy cook.

: 나는 바쁜 요리사이다.

말 트이기 연습

301. 나는 유명하다.

....

302. 나는 유명한 의사이다.

....

303. 나는 친절하다.

....

304. 나는 친절한 간호사이다.

....

305. 나는 용감하다.

....

306. 나는 용감한 경찰관이다.

....

307. 나는 새롭다.

....

308. 나는 새로운 학생이다.

....

309. 나는 바쁘다.

....

310. 나는 바쁜 요리사이다.

....

311. 나는 키가 크다.

....

312. 나는 키가 큰 학생이다.

....

313. 나는 뚱뚱하다.

....

314. 나는 뚱뚱한 소녀이다.

....

315. 나는 돈이 많다.

....

316. 나는 돈 많은 남자이다.

....

317. 나는 똑똑하다.

....

318. 나는 똑똑한 소년이다.

....

319. 나는 강하다.

....

320. 나는 강한 남자이다.

....

말 트이기 연습 - 해답

301. 나는 유명하다.

I am famous.

302. 나는 유명한 의사이다.

I am a famous doctor.

303. 나는 친절하다.

I am kind.

304. 나는 친절한 간호사이다.

I am a kind nurse.

305. 나는 용감하다.

I am brave.

306. 나는 용감한 경찰관이다.

I am a brave policeman.

307. 나는 새롭다.

I am new.

308. 나는 새로운 학생이다.

I am a new student.

309. 나는 바쁘다.

I am busy.

310. 나는 바쁜 요리사이다.

I am a busy cook.

311. 나는 키가 크다.
I am tall.

312. 나는 키가 큰 학생이다.
I am a tall student.

313. 나는 뚱뚱하다.
I am fat.

314. 나는 뚱뚱한 소녀이다.
I am a fat girl.

315. 나는 돈이 많다.
I am rich.

316. 나는 돈 많은 남자이다.
I am a rich man.

317. 나는 똑똑하다.
I am smart.

318. 나는 똑똑한 소년이다.
I am a smart boy.

319. 나는 강하다.
I am strong.

320. 나는 강한 남자이다.
I am a strong man.

47강 [너는 + ~(이)다, ~입니다 ~에 있다]

주어(You) + be(are)

TIP

주어 You(너는)가 오면 'Be동사'는 'are'로 바뀌어서 'You are'이 된다.
의미는 '~이다, ~입니다, ~에 있다' 등의 현재형 의미를 가지고 있다.
명사가 올 때는 a, the를 반드시 붙임을 주의.

오늘의 단어

driver [드라이벌]	teacher [티이철]
운전사	선생님
waiter [웨이럴]	dancer [댄썰]
웨이터	무용수
singer [씽얼]	writer [우라이럴]
가수	작가
painter [페인털]	photographer [포토그래펄]
화가	사진사
cashier [캐쉬얼]	designer [디자이널]
계산원	디자이너

* 'photographer'에서 'ph' 발음은 아랫입술을 물었다가 내뱉듯이 발음한다.

be   brave : 용감하다

You + are brave. : 너는 용감하다.

be   a driver : 운전사이다

You + are a driver. : 너는 운전사이다.

be   a brave driver

You + are a brave driver.

: 너는 용감한 운전사이다.

- -

be   young : 젊다

You + are young. : 너는 젊다.

be   a teacher : 선생님이다

You + are a teacher. : 너는 선생님이다.

be   a young teacher

You + are a young teacher.

: 너는 젊은 선생님이다.

be   kind   : 친절하다

You + are kind.   : 너는 친절하다.

be   a waiter   : 웨이터이다

You + are a waiter.   : 너는 웨이터이다.

be   a kind waiter

You + are a kind waiter.

: 너는 친절한 웨이터이다.

- -

be   pretty   : 예쁘다

You + are pretty.   : 너는 예쁘다.

be   a dancer   : 무용수이다

You + are a dancer.   : 너는 무용수이다.

be   a pretty dancer

You + are a pretty dancer.

: 너는 예쁜 무용수이다.

You + be bad
     are bad.

: (실력이) 나쁘다

: 너는 (실력이) 나쁘다.

You + be a singer
     are a singer.

: 가수이다

: 너는 가수이다.

You + be a bad singer
     are a bad singer.

: 너는 (실력이) 나쁜 가수이다.

- -

You + be famous
     are famous.

: 유명하다

: 너는 유명하다.

You + be a writer
     are a writer.

: 작가이다

: 너는 작가이다.

You + be a famous writer
     are a famous writer.

: 너는 유명한 작가이다.

be good : (실력이) 좋다

You + are good. : 너는 (실력이) 좋다.

be a painter : 화가이다

You + are a painter. : 너는 화가이다.

be a good painter

You + are a good painter.

: 너는 (실력이) 좋은 화가이다.

- -

be tall : 키가 크다

You + are tall. : 너는 키가 크다.

be a photographer : 사진사이다

You + are a photographer.

: 너는 사진사이다.

be a tall photographer

You + are a tall photographer.

: 너는 키가 큰 사진사이다.

be busy : 바쁘다
You + are busy. : 너는 바쁘다.

be a cashier : 계산원이다
You + are a cashier. : 너는 계산원이다.

be a busy cashier
You + are a busy cashier.
: 너는 바쁜 계산원이다.

- -

be poor : 가난하다
You + are poor. : 너는 가난하다.

be a designer : 디자이너이다
You + are a designer. : 너는 디자이너이다.

be a poor designer
You + are a poor designer.
: 너는 가난한 디자이너이다.

말 트이기 연습

321. 너는 용감하다.

....

322. 너는 용감한 운전사이다.

....

323. 너는 젊다.

....

324. 너는 젊은 선생님이다.

....

325. 너는 친절하다.

....

326. 너는 친절한 웨이터이다.

....

327. 너는 예쁘다.

....

328. 너는 예쁜 무용수이다.

....

329. 너는 (실력이) 나쁘다.

....

330. 너는 (실력이) 나쁜 가수이다.

....

331. 너는 유명하다.

....

332. 너는 유명한 작가이다.

....

333. 너는 (실력이) 좋다.

....

334. 너는 (실력이) 좋은 화가이다.

....

335. 너는 키가 크다.

....

336. 너는 키가 큰 사진사이다.

....

337. 너는 바쁘다.

....

338. 너는 바쁜 계산원이다.

....

339. 너는 가난하다.

....

340. 너는 가난한 디자이너이다.

....

말 트이기 연습 - 해답

321. 너는 용감하다.

You are brave.

322. 너는 용감한 운전사이다.

You are a brave driver.

323. 너는 젊다.

You are young.

324. 너는 젊은 선생님이다.

You are a young teacher.

325. 너는 친절하다.

You are kind.

326. 너는 친절한 웨이터이다.

You are a kind waiter.

327. 너는 예쁘다.

You are pretty.

328. 너는 예쁜 무용수이다.

You are a pretty dancer.

329. 너는 (실력이) 나쁘다.

You are bad.

330. 너는 (실력이) 나쁜 가수이다.

You are a bad singer.

331. 너는 유명하다.

You are famous.

332. 너는 유명한 작가이다.

You are a famous writer.

333. 너는 (실력이) 좋다.

You are good.

334. 너는 (실력이) 좋은 화가이다.

You are a good painter.

335. 너는 키가 크다.

You are tall.

336. 너는 키가 큰 사진사이다.

You are a tall photographer.

337. 너는 바쁘다.

You are busy.

338. 너는 바쁜 계산원이다.

You are a busy cashier.

339. 너는 가난하다.

You are poor.

340. 너는 가난한 디자이너이다.

You are a poor designer.

48강 [그, 그녀는 + ~(이)다, ~입니다 ~에 있다]

주어(He/She) + be(is)

오늘의 단어

artist [아리스트]	pianist [피애니스트]
예술가	피아노 연주가
violinist [바이얼리니스트]	dentist [덴티스트]
바이올린 연주가	치과 의사
scientist [싸이언티스트]	salesman [세일즈먼]
과학자	판매원
postman [포스트먼]	policeman [펄리스먼]
우체부	경찰
magician [메쥐씨언]	musician [뮤지씨언]
마술사	음악가

* 사람을 나타내는 명사는 단어에 따라 뒤에 -er, -ist, -man,- ian 등을 붙인다.

be young : 젊다

He(She) + [is] young. : 그(그녀)는 젊다.

be an artist : 예술가이다

He(She) + [is] an artist. : 그(그녀)는 예술가이다.

be a young artist

He(She) + [is] a young artist.

: 그(그녀)는 젊은 예술가이다.

- -

be famous : 유명하다

He(She) + [is] famous. : 그(그녀)는 유명하다.

be a pianist : 피아노 연주가이다

He(She) + [is] a pianist.

: 그(그녀)는 피아노 연주가이다.

be a famous pianist

He(She) + [is] a famous pianist.

: 그(그녀)는 유명한 피아노 연주가이다.

be new : 새롭다

He(She) + [is] new. : 그(그녀)는 새롭다.

be a violinist : 바이올린 연주가이다

He(She) + [is] a violinist.

: 그(그녀)는 바이올린 연주가이다.

be a new violinist

He(She) + [is] a new violinist.

: 그(그녀)는 새로운 바이올린 연주가이다.

- -

be kind : 친절하다

He(She) + [is] kind. : 그(그녀)는 친절하다.

be a dentist : 치과의사이다

He(She) + [is] a dentist.

: 그(그녀)는 치과의사이다.

be a kind dentist

He(She) + [is] a kind dentist.

: 그(그녀)는 친절한 치과의사이다.

be poor : 가난하다

He(She) + [is] poor. : 그(그녀)는 가난하다.

be a scientist : 과학자이다

He(She) + [is] a scientist.
: 그(그녀)는 과학자이다.

be a poor scientist

He(She) + [is] a poor scientist.
: 그(그녀)는 가난한 과학자이다.

- -

be lucky : 운이 좋다

He(She) + [is] lucky. : 그(그녀)는 운이 좋다.

be a salesman : 판매원이다

He(She) + [is] a salesman.
: 그(그녀)는 판매원이다.

be a lucky salesman

He(She) + [is] a lucky salesman.
: 그(그녀)는 운 좋은 판매원이다.

* 여자일 경우 saleswoman이라고 함.

be busy : 바쁘다
He(She) + is busy. : 그(그녀)는 바쁘다.

be a postman : 우체부이다
He(She) + is a postman.
: 그(그녀)는 우체부이다.

be a busy postman
He(She) + is a busy postman.
: 그(그녀)는 바쁜 우체부이다.

* 여자일 경우 postwoman이라고 함.

- -

be tall : 키가 크다
He(She) + is tall. : 그(그녀)는 키가 크다.

be a policeman : 경찰관이다
He(She) + is a policeman.
: 그(그녀)는 경찰관이다.

be a tall policeman
He(She) + is a tall policeman.
: 그(그녀)는 키가 큰 경찰관이다.

* 여자일 경우 policewoman이라고 함.

be rich : 돈이 많다

He(She) + [is] rich. : 그(그녀)는 돈이 많다.

be a magician : 마술가이다

He(She) + [is] a magician.
: 그(그녀)는 마술가이다.

be a rich magician

He(She) + [is] a rich magician.
: 그(그녀)는 돈이 많은 마술가이다.

- -

be old : 나이가 많다

He(She) + [is] old. : 그(그녀)는 나이가 많다.

be a musician : 음악가이다

He(She) + [is] a musician.
: 그(그녀)는 음악가이다.

be an old musician

He(She) + [is] an old musician.
: 그(그녀)는 나이 많은 음악가이다.

말 트이기 연습

341. 그(그녀)는 젊다.

....

342. 그(그녀)는 젊은 예술가이다.

....

343. 그(그녀)는 유명하다.

....

344. 그(그녀)는 유명한 피아노 연주가이다.

....

345. 그(그녀)는 새롭다.

....

346. 그(그녀)는 새로운 바이올린 연주가이다.

....

347. 그(그녀)는 친절하다.

....

348. 그(그녀)는 친절한 치과의사이다.

....

349. 그(그녀)는 가난하다.

....

350. 그(그녀)는 가난한 과학자이다.

....

351. 그(그녀)는 운이 좋다.

....

352. 그(그녀)는 운 좋은 판매원이다.

....

353. 그(그녀)는 바쁘다.

....

354. 그(그녀)는 바쁜 우체부이다.

....

355. 그(그녀)는 키가 크다.

....

356. 그(그녀)는 키가 큰 경찰관이다.

....

357. 그(그녀)는 돈이 많다.

....

358. 그(그녀)는 돈이 많은 마술가이다.

....

359. 그(그녀)는 나이가 많다.

....

360. 그(그녀)는 나이 많은 음악가이다.

....

말 트이기 연습 - 해답

341. 그(그녀)는 젊다.

He(She) is young.

342. 그(그녀)는 젊은 예술가이다.

He(She) is a young artist.

343. 그(그녀)는 유명하다.

He(She) is famous.

344. 그(그녀)는 유명한 피아노 연주가이다.

He(She) is a famous pianist.

345. 그(그녀)는 새롭다.

He(She) is new.

346. 그(그녀)는 새로운 바이올린 연주가이다.

He(She) is a new violinist.

347. 그(그녀)는 친절하다.

He(She) is kind.

348. 그(그녀)는 친절한 치과의사이다.

He(She) is a kind dentist.

349. 그(그녀)는 가난하다.

He(She) is poor.

350. 그(그녀)는 가난한 과학자이다.

He(She) is a poor scientist.

351. 그(그녀)는 운이 좋다.

He(She) is lucky.

352. 그(그녀)는 운 좋은 판매원이다.

He(She) is a lucky salesman / saleswoman.

353. 그(그녀)는 바쁘다.

He(She) is busy.

354. 그(그녀)는 바쁜 우체부이다.

He(She) is a busy postman / postwoman.

355. 그(그녀)는 키가 크다.

He(She) is tall.

356. 그(그녀)는 키가 큰 경찰관이다.

He(She) is a tall policeman / policewoman.

357. 그(그녀)는 돈이 많다.

He(She) is rich.

358. 그(그녀)는 돈이 많은 마술가이다.

He(She) is a rich magician.

359. 그(그녀)는 나이가 많다.

He(She) is old.

360. 그(그녀)는 나이 많은 음악가이다.

He(She) is an old musician.

49강 [나는 + ~(이) 아니다, ~ 아닙니다]

주어(I) + be not(am not)

I am 뒤에 'not'을 붙이면 부정하는 문장이 되며, 'I am not ~ '이 된다.
의미는 '나는 ~ 아니다, ~ 아닙니다'가 된다.

오늘의 단어

not that hungry	not that full
그렇게 배고프지는 않은	그렇게 배부르지는 않은
not that tall	not that short
그렇게 크지는 않은	그렇게 작지는 않은
not that rich	not that poor
그렇게 부자는 아닌	그렇게 가난하지는 않은
not that happy	not that sad
그렇게 행복하지는 않은	그렇게 슬프지는 않은
not that pretty	not that ugly
그렇게 예쁘지는 않은	그렇게 못생기지는 않은

* 부정문에서 형용사 앞에 'that'을 쓰면 '그렇게 ~ 하지는 않은'이라는 의미가 된다.

I am hungry. : 나는 배고프다.

I am not hungry. : 나는 배고프지 않다.
I am not that hungry.
: 나는 그렇게 배고프지는 않다.

I am full. : 나는 배부르다.

I am not full. : 나는 배부르지 않다.
I am not that full.
: 나는 그렇게 배부르지는 않다.

I am tall.   : 나는 키가 크다.

I am not tall.   : 나는 키가 크지 않다.
I am not that tall.

: 나는 그렇게 키가 크지는 않다.

- -

I am short.   : 나는 키가 작다.

I am not short.   : 나는 키가 작지 않다.
I am not that short.

: 나는 그렇게 키가 작지는 않다.

I am rich.   : 나는 부자이다.

I am not rich.   : 나는 부자가 아니다.
I am not that rich.

                  : 나는 그렇게 부자는 아니다.

- -

I am poor.   : 나는 가난하다.

I am not poor. : 나는 가난하지 않다.
I am not that poor.

                  : 나는 그렇게 가난하지는 않다.

I am happy. : 나는 행복하다.

I am |not| happy. : 나는 행복하지 않다.
I am |not| that happy.

: 나는 그렇게 행복하지는 않다.

- -

I am sad. : 나는 슬프다.

I am |not| sad. : 나는 슬프지 않다.
I am |not| that sad.

: 나는 그렇게 슬프지는 않다.

I am pretty. : 나는 예쁘다.

I am | not | pretty. : 나는 예쁘지 않다.
I am | not | that pretty.
: 나는 그렇게 예쁘지는 않다.

I am ugly. : 나는 못생겼다.

I am | not | ugly. : 나는 못생기지 않다.
I am | not | that ugly.
: 나는 그렇게 못생기지는 않다.

말 트이기 연습

361. 나는 배고프지 않다.

....

362. 나는 그렇게 배고프지는 않다.

....

363. 나는 배부르지 않다.

....

364. 나는 그렇게 배부르지는 않다.

....

365. 나는 키가 크지 않다.

....

366. 나는 그렇게 키가 크지는 않다.

....

367. 나는 키가 작지 않다.

....

368. 나는 그렇게 키가 작지는 않다.

....

369. 나는 부자가 아니다.

....

370. 나는 그렇게 부자는 아니다.

....

371. 나는 가난하지 않다.

....

372. 나는 그렇게 가난하지는 않다.

....

373. 나는 행복하지 않다.

....

374. 나는 그렇게 행복하지는 않다.

....

375. 나는 슬프지 않다.

....

376. 나는 그렇게 슬프지는 않다.

....

377. 나는 예쁘지 않다.

....

378. 나는 그렇게 예쁘지는 않다.

....

379. 나는 못생기지 않다.

....

380. 나는 그렇게 못생기지는 않다.

....

말 트이기 연습 - 해답

361. 나는 배고프지 않다.

I am not hungry.

362. 나는 그렇게 배고프지는 않다.

I am not that hungry.

363. 나는 배부르지 않다.

I am not full.

364. 나는 그렇게 배부르지는 않다.

I am not that full.

365. 나는 키가 크지 않다.

I am not tall.

366. 나는 그렇게 키가 크지는 않다.

I am not that tall.

367. 나는 키가 작지 않다.

I am not short.

368. 나는 그렇게 키가 작지는 않다.

I am not that short.

369. 나는 부자가 아니다.

I am not rich.

370. 나는 그렇게 부자는 아니다.

I am not that rich.

371. 나는 가난하지 않다.

I am not poor.

372. 나는 그렇게 가난하지는 않다.

I am not that poor.

373. 나는 행복하지 않다.

I am not happy.

374. 나는 그렇게 행복하지는 않다.

I am not that happy.

375. 나는 슬프지 않다.

I am not sad.

376. 나는 그렇게 슬프지는 않다.

I am not that sad.

377. 나는 예쁘지 않다.

I am not pretty.

378. 나는 그렇게 예쁘지는 않다.

I am not that pretty.

379. 나는 못생기지 않다.

I am not ugly.

380. 나는 그렇게 못생기지는 않다.

I am not that ugly.

50강 [너는 + ~(이) 아니다, ~ 아닙니다]

주어(You) + be not(are not)

TIP

You are 뒤에 'not'을 붙이면 부정하는 문장이 되며, 'You are not' 혹은 'You aren't'가 된다.

의미는 '너는 ~ 아니다, ~ 아닙니다'가 된다.

오늘의 단어

not that young	not that old
그렇게 젊지는 않은	그렇게 늙지는 않은
not that good	not that bad
그렇게 (상태가) 좋지는 않은	그렇게 (상태가) 나쁘지는 않은
not that fat	not that skinny
그렇게 뚱뚱하지는 않은	그렇게 마르지는 않은
not that smart	not that stupid
그렇게 똑똑하지는 않은	그렇게 멍청하지는 않은
not that strong	not that weak
그렇게 강하지는 않은	그렇게 약하지는 않은

* 부정문에서 형용사 앞에 'that'을 쓰면 '그렇게 ~하지는 않은'이라는 의미가 된다.

You are young. : 너는 젊다/ 어리다.

: 너는 젊지 않다 / 어리지 않다.

You are not young.
You are not that young.

: 너는 그렇게 젊지는 않다 / 그렇게 어리지는 않다.

- -

You are old. : 너는 늙었다.

: 너는 늙지 않다.

You are not old.
You are not that old.

: 너는 그렇게 늙지는 않다.

163

You are good.   : 너는 (상태가) 좋다.

: 너는 (상태가) 좋지 않다.

You are not good.
You are not that good.

: 너는 (상태가) 그렇게 좋지는 않다.

- -

You are bad.   : 너는 (상태가) 나쁘다.

: 너는 (상태가) 나쁘지 않다.

You are not bad.
You are not that bad.

: 너는 (상태가) 그렇게 나쁘지는 않다.

You are fat.　　　: 너는 뚱뚱하다.

: 너는 뚱뚱하지 않다.

You are | not | fat.
You are | not | that fat.

: 너는 그렇게 뚱뚱하지는 않다.

- -

You are skinny. : 너는 말랐다.

: 너는 마르지 않다.

You are | not | skinny.
You are | not | that skinny.

: 너는 그렇게 마르지는 않다.

You are smart. : 너는 똑똑하다.

: 너는 똑똑하지 않다.

You are not smart.
You are not that smart.

: 너는 그렇게 똑똑하지는 않다.

- -

You are stupid. : 너는 멍청하다.

: 너는 멍청하지 않다.

You are not stupid.
You are not that stupid.

: 너는 그렇게 멍청하지는 않다.

You are strong. : 너는 강하다.

: 너는 강하지 않다.

You are |not| strong.
You are |not| that strong.

: 너는 그렇게 강하지는 않다.

- -

You are weak. : 너는 약하다.

: 너는 약하지 않다.

You are |not| weak.
You are |not| that weak.

: 너는 그렇게 약하지는 않다.

말 트이기 연습

381. 너는 젊지 않다 / 어리지 않다.

....

382. 너는 그렇게 젊지는 않다 / 그렇게 어리지는 않다.

....

383. 너는 늙지 않다.

....

384. 너는 그렇게 늙지는 않다.

....

385. 너는 (상태가) 좋지 않다.

....

386. 너는 (상태가) 그렇게 좋지는 않다.

....

387. 너는 (상태가) 나쁘지 않다.

....

388. 너는 (상태가) 그렇게 나쁘지는 않다.

....

389. 너는 뚱뚱하지 않다.

....

390. 너는 그렇게 뚱뚱하지는 않다.

....

391. 너는 마르지 않다.

....

392. 너는 그렇게 마르지는 않다.

....

393. 너는 똑똑하지 않다.

....

394. 너는 그렇게 똑똑하지는 않다.

....

395. 너는 멍청하지 않다.

....

396. 너는 그렇게 멍청하지는 않다.

....

397. 너는 강하지 않다.

....

398. 너는 그렇게 강하지는 않다.

....

399. 너는 약하지 않다.

....

400. 너는 그렇게 약하지는 않다.

....

말 트이기 연습 - 해답

381. 너는 젊지 않다 / 어리지 않다.
> You are not young.

382. 너는 그렇게 젊지는 않다 / 그렇게 어리지는 않다.
> You are not that young.

383. 너는 늙지 않다.
> You are not old.

384. 너는 그렇게 늙지는 않다.
> You are not that old.

385. 너는 (상태가) 좋지 않다.
> You are not good.

386. 너는 (상태가) 그렇게 좋지는 않다.
> You are not that good.

387. 너는 (상태가) 나쁘지 않다.
> You are not bad.

388. 너는 (상태가) 그렇게 나쁘지는 않다.
> You are not that bad.

389. 너는 뚱뚱하지 않다.
> You are not fat.

390. 너는 그렇게 뚱뚱하지는 않다.
> You are not that fat.

391. 너는 마르지 않다.

You are not skinny.

392. 너는 그렇게 마르지는 않다.

You are not that skinny.

393. 너는 똑똑하지 않다.

You are not smart.

394. 너는 그렇게 똑똑하지는 않다.

You are not that smart.

395. 너는 멍청하지 않다.

You are not stupid.

396. 너는 그렇게 멍청하지는 않다.

You are not that stupid.

397. 너는 강하지 않다.

You are not strong.

398. 너는 그렇게 강하지는 않다.

You are not that strong.

399. 너는 약하지 않다.

You are not weak.

400. 너는 그렇게 약하지는 않다.

You are not that weak.

51강 [그는/그녀는 + ~(이) 아니다, ~ 아닙니다]

주어(He/She) + be not(is not)

TIP

He/She is 뒤에 'not'을 붙이면 부정하는 문장이 되며, 'He/She is not' 혹은 'He/She isn't'가 된다.

의미는 '그/그녀는 ~ 아니다, ~ 아닙니다'가 된다.

오늘의 단어

beautiful [뷰디펄]	clever [클레벌]
아름다운	영리한, 눈치가 빠른
cute [쿳]	popular [파퓰럴]
귀여운, 예쁜	대중적인, 인기 있는
lazy [레이지]	sick [씩]
게으른	아픈, 그리워하는
nice [나이쓰]	lonely [로운리]
좋은, 훌륭한, 친절한	외로운, 고독한
lovely [러블리]	friendly [프랜들리]
사랑스러운	친한, 우호적인, 상냥한

* 'beautiful', 'friendly'에서 'f' 발음은 아랫입술을 물었다가 내뱉듯이 발음한다.

She is beautiful. : 그녀는 아름답다.

: 그녀는 아름답지 않다.

She is not beautiful.
She is not that beautiful.

: 그녀는 그렇게 아름답지는 않다.

- -

He is clever. : 그는 영리하다.

: 그는 영리하지 않다.

He is not clever.
He is not that clever.

: 그는 그렇게 영리하지는 않다.

She is cute. : 그녀는 귀엽다.

: 그녀는 귀엽지 않다.

She is not cute.
She is not that cute.
: 그녀는 그렇게 귀엽지는 않다.

- -

He is popular. : 그는 인기 있다.

: 그는 인기가 있지 않다.

He is not popular.
He is not that popular.
: 그는 그렇게 인기 있는 것은 아니다.

She is lazy. : 그녀는 게으르다.

: 그녀는 게으르지 않다.

She is │ not │ lazy.
She is │ not │ that lazy.

: 그녀는 그렇게 게으르지는 않다.

He is sick. : 그는 아프다.

: 그는 아프지 않다.

He is │ not │ sick.
He is │ not │ that sick.

: 그는 그렇게 아픈 것은 아니다.

She is nice. : 그녀는 훌륭하다.

: 그녀는 훌륭하지 않다.

She is not nice.
She is not that nice.

: 그녀는 그렇게 훌륭하지는 않다.

- -

He is lonely. : 그는 외롭다.

: 그는 외롭지 않다.

He is not lonely.
He is not that lonely.

: 그는 그렇게 외롭지는 않다.

She is lovely. : 그녀는 사랑스럽다.

: 그녀는 사랑스럽지 않다.

She is not lovely.
She is not that lovely.

: 그녀는 그렇게 사랑스럽지는 않다.

He is friendly. : 그는 우호적이다.

: 그는 우호적이지 않다.

He is not friendly.
He is not that friendly.

: 그는 그렇게 우호적인 것은 아니다.

말 트이기 연습

401. 그녀는 아름답지 않다.

....

402. 그녀는 그렇게 아름답지는 않다.

....

403. 그는 영리하지 않다.

....

404. 그는 그렇게 영리하지는 않다.

....

405. 그녀는 귀엽지 않다.

....

406. 그녀는 그렇게 귀엽지는 않다.

....

407. 그는 인기가 있지 않다.

....

408. 그는 그렇게 인기 있는 것은 아니다.

....

409. 그녀는 게으르지 않다.

....

410. 그녀는 그렇게 게으르지는 않다.

....

411. 그는 아프지 않다.

....

412. 그는 그렇게 아픈 것은 아니다.

....

413. 그녀는 훌륭하지 않다.

....

414. 그녀는 그렇게 훌륭하지는 않다.

....

415. 그는 외롭지 않다.

....

416. 그는 그렇게 외롭지는 않다.

....

417. 그녀는 사랑스럽지 않다.

....

418. 그녀는 그렇게 사랑스럽지는 않다.

....

419. 그는 우호적이지 않다.

....

420. 그는 그렇게 우호적인 것은 아니다.

....

말 트이기 연습 - 해답

401. 그녀는 아름답지 않다.

She is not beautiful.

402. 그녀는 그렇게 아름답지는 않다.

She is not that beautiful.

403. 그는 영리하지 않다.

He is not clever.

404. 그는 그렇게 영리하지는 않다.

He is not that clever.

405. 그녀는 귀엽지 않다.

She is not cute.

406. 그녀는 그렇게 귀엽지는 않다.

She is not that cute.

407. 그는 인기가 있지 않다.

He is not popular.

408. 그는 그렇게 인기 있는 것은 아니다.

He is not that popular.

409. 그녀는 게으르지 않다.

She is not lazy.

410. 그녀는 그렇게 게으르지는 않다.

She is not that lazy.

411. 그는 아프지 않다.

He is not sick.

412. 그는 그렇게 아픈 것은 아니다.

He is not that sick.

413. 그녀는 훌륭하지 않다.

She is not nice.

414. 그녀는 그렇게 훌륭하지는 않다.

She is not that nice.

415. 그는 외롭지 않다.

He is not lonely.

416. 그는 그렇게 외롭지는 않다.

He is not that lonely.

417. 그녀는 사랑스럽지 않다.

She is not lovely.

418. 그녀는 그렇게 사랑스럽지는 않다.

She is not that lovely.

419. 그는 우호적이지 않다.

He is not friendly.

420. 그는 그렇게 우호적인 것은 아니다.

He is not that friendly.

52강 [내가 ~ 한가요?]

Am I ~ ?

TIP

지금까지 '주어 + 동사'에서 질문하는 문장을 만들려면 주어 앞에 'Do'를 넣었다. 하지만, '주어 + Be동사'에서는 질문하는 문장을 만들 때는 그냥 '주어'와 'Be동사'의 위치만 바꾸어 주면 된다. 'Be동사'의 형태는 '주어'에 따라 바뀐다. 'I am ~'에서 질문할 때는 'Am I ~ ?'가 된다.

오늘의 단어

right [우라이트]	wrong [우롱]
옳은, 올바른	틀린, 잘못된
correct [커렉트]	incorrect [인커렉트]
맞는, 정확한	맞지 않는, 부정확한
serious [시리어즈]	free [프리]
심각한, 진지한	자유로운
late [레이트]	naive [나이브]
늦은	순진한
nervous [널보우스]	upset [업셋]
긴장한, 흥분한	혼란스러운, 당황한

Am ↔ I	right?	: 내가 맞나요?
Am ↔ I	wrong?	: 내가 틀린 건가요?
Am ↔ I	correct?	: 내가 정확한 건가요?
Am ↔ I	incorrect?	: 내가 안 정확한가요?
Am ↔ I	serious?	: 내가 진지한가요?
Am ↔ I	free?	: 나는 자유인가요?
Am ↔ I	late?	: 내가 늦은 건가요?
Am ↔ I	naive?	: 내가 순진한 건가요?
Am ↔ I	nervous?	: 나는 긴장한 건가요?
Am ↔ I	upset?	: 내가 혼란스러운 건가요?

말 트이기 연습

421. 나는 맞아요.

....

422. 내가 맞나요?

....

423. 나는 틀렸어요.

....

424. 내가 틀린 건가요?

....

425. 나는 정확해요.

....

426. 내가 정확한 건가요?

....

427. 나는 안 정확해요.

....

428. 내가 안 정확한가요?

....

429. 나는 진지해요.

....

430. 나는 진지한가요?

....

431. 나는 자유예요.

....

432. 나는 자유인가요?

....

433. 나는 늦었어요.

....

434. 내가 늦은 건가요?

....

435. 나는 순진해요.

....

436. 내가 순진한 건가요?

....

437. 나는 긴장돼요.

....

438. 나는 긴장한 건가요?

....

439. 나는 혼란스러워요.

....

440. 내가 혼란스러운 건가요?

....

말 트이기 연습 - 해답

421. 나는 맞아요.

I am right.

422. 내가 맞나요?

Am I right?

423. 나는 틀렸어요.

I am wrong.

424. 내가 틀린 건가요?

Am I wrong?

425. 나는 정확해요.

I am correct.

426. 내가 정확한 건가요?

Am I correct?

427. 나는 안 정확해요.

I am incorrect.

428. 내가 안 정확한가요?

Am I incorrect?

429. 나는 진지해요.

I am serious.

430. 나는 진지한가요?

Am I serious?

431. 나는 자유예요.

I am free.

432. 나는 자유인가요?

Am I free?

433. 나는 늦었어요.

I am late.

434. 내가 늦은 건가요?

Am I late?

435. 나는 순진해요.

I am naive.

436. 내가 순진한 건가요?

Am I naive?

437. 나는 긴장돼요.

I am nervous.

438. 나는 긴장한 건가요?

Am I nervous?

439. 나는 혼란스러워요.

I am upset.

440. 내가 혼란스러운 건가요?

Am I upset?

53강 [당신은 ~인가요?
~ 아닌가요?]

Are you / Aren't you ~ ?

> **TIP**
>
> '너/당신은 ~이다' (You are ~) 문장에서 질문하는 문장을 만들려면, 마찬가지로 그냥 'You'와 'are'의 위치만 바꾸어 줘서 'Are you ~ ?'라고 하면 된다. 그러면 '너/당신은 ~인가요?'의 의미가 된다.
>
> 부정의문문을 만들 때는 'Are not you ~ ?' 즉, 'Aren't you ~ ?'라고 하면 '너/당신은 ~ 아닌가요?'의 의미가 된다.

오늘의 단어

actor [액털]	barber [발버]
배우	이발사
baby-sitter [베이비씨럴]	engineer [엔쥐니얼]
베이비시터	기술자
farmer [파멀]	fisher [피셜]
농부	어부
housekeeper [하우스키펄]	lawyer [로우열]
주부	변호사
professor [프로페셜]	soldier [솔졀]
교수	군인

* 'farmer', 'fisher'의 'f' 발음은 아랫입술을 물었다가 내뱉듯이 발음한다.

| Are ↔ you | an actor? |

: 당신은 배우인가요?

| Aren't ↔ you | an actor? |

: 당신은 배우 아닌가요?

| Are ↔ you | a barber? |

: 당신은 이발사인가요?

| Aren't ↔ you | a barber? |

: 당신은 이발사 아닌가요?

| Are ↔ you | a baby-sitter? |

: 당신은 베이비시터인가요?

| Aren't ↔ you | a baby-sitter? |

: 당신은 베이비시터 아닌가요?

| Are ↔ you | an engineer? |

: 당신은 기술자인가요?

| Aren't ↔ you | an engineer? |

: 당신은 기술자 아닌가요?

Are ↔ you	a farmer?
Aren't ↔ you	a farmer?

: 당신은 농부인가요?

: 당신은 농부 아닌가요?

Are ↔ you	a fisher?
Aren't ↔ you	a fisher?

: 당신은 어부인가요?

: 당신은 어부 아닌가요?

Are ↔ you	a housekeeper?
Aren't ↔ you	a housekeeper?

: 당신은 주부인가요?

: 당신은 주부 아닌가요?

Are ↔ you	a lawyer?
Aren't ↔ you	a lawyer?

: 당신은 변호사인가요?

: 당신은 변호사 아닌가요?

| Are ↔ you | a professor?
: 당신은 교수인가요?

| Aren't ↔ you | a professor?
: 당신은 교수 아닌가요?

| Are ↔ you | a soldier?
: 당신은 군인인가요?

| Aren't ↔ you | a soldier?
: 당신은 군인 아닌가요?

여기서 잠깐!

문장 앞에 'Are you'를 쓰면, '당신 ~인가요?' 문장이 됩니다.
반면에, 문장 앞에 'Aren't you'를 쓰면, '당신 ~ 아닌가요?' 문
장이 됩니다.
특히 이런 부정 의문문 표현을 쓸 때는 두 가지 의미가 숨어
있습니다. 첫째는 상대방이 누구인지 정말 몰라서 물어볼 때,
둘째는 누구인지 확실히 알고 있는 것을 확인하려고 물어볼
경우입니다. 상황을 잘 파악해서 사용합시다.

말 트이기 연습

441. 당신은 배우인가요?

....

442. 당신은 배우 아닌가요?

....

443. 당신은 이발사인가요?

....

444. 당신은 이발사 아닌가요?

....

445. 당신은 베이비시터인가요?

....

446. 당신은 베이비시터 아닌가요?

....

447. 당신은 기술자인가요?

....

448. 당신은 기술자 아닌가요?

....

449. 당신은 농부인가요?

....

450. 당신은 농부 아닌가요?

....

451. 당신은 어부인가요?

....

452. 당신은 어부 아닌가요?

....

453. 당신은 주부인가요?

....

454. 당신은 주부 아닌가요?

....

455. 당신은 변호사인가요?

....

456. 당신은 변호사 아닌가요?

....

457. 당신은 교수인가요?

....

458. 당신은 교수 아닌가요?

....

459. 당신은 군인인가요?

....

460. 당신은 군인 아닌가요?

....

말 트이기 연습 - 해답

441. 당신은 배우인가요?

Are you an actor?

442. 당신은 배우 아닌가요?

Aren't you an actor?

443. 당신은 이발사인가요?

Are you a barber?

444. 당신은 이발사 아닌가요?

Aren't you a barber?

445. 당신은 베이비시터인가요?

Are you a baby-sitter?

446. 당신은 베이비시터 아닌가요?

Aren't you a baby-sitter?

447. 당신은 기술자인가요?

Are you an engineer?

448. 당신은 기술자 아닌가요?

Aren't you an engineer?

449. 당신은 농부인가요?

Are you a farmer?

450. 당신은 농부 아닌가요?

Aren't you a farmer?

451. 당신은 어부인가요?

Are you a fisher?

452. 당신은 어부 아닌가요?

Aren't you a fisher?

453. 당신은 주부인가요?

Are you a housekeeper?

454. 당신은 주부 아닌가요?

Aren't you a housekeeper?

455. 당신은 변호사인가요?

Are you a lawyer?

456. 당신은 변호사 아닌가요?

Aren't you a lawyer?

457. 당신은 교수인가요?

Are you a professor?

458. 당신은 교수 아닌가요?

Aren't you a professor?

459. 당신은 군인인가요?

Are you a soldier?

460. 당신은 군인 아닌가요?

Aren't you a soldier?

54강 [그는/그녀는 ~인가요?
~ 아닌가요?]

Is he/she, Isn't he/she ~ ?

TIP

'그는/그녀는 ~이다' (He/She is ~) 문장에서 질문하는 문장을 만들려면, 마찬가지로 그냥 'He/She'와 'is'의 위치만 바꾸어 줘서 'Is he/she ~ ?'라고 하면 된다. 그러면 '그/그녀는 ~ 인가요?'의 의미가 된다.

부정의문문을 만들 때는 'Is not he/she ~ ?' 즉, 'Isn't he/she ~ ?'라고 하면 '그는/그녀는 ~ 아닌가요?'의 의미가 된다.

오늘의 단어

father [파덜]	mother [머덜]
아버지	어머니
son [썬]	daughter [더럴]
아들	딸
brother [브라덜]	sister [시스털]
형, 형제	누나, 언니, 자매
uncle [엉컬]	aunt [앤트]
삼촌	고모, 이모
cousin [커즌]	grand- [그뤤드]
사촌	하나 걸러

my	your	his	her
나의	너의	그의	그녀의

* 보통 친족을 나타낼 때는 친족명 앞에 '누구의~'라는 것을 명시해 준다.

He is your father.

: 그는 당신의 아버지입니다.

| Is ↔ he | your father?

: 그는 당신의 아버지인가요?

| Isn't ↔ he | your father?

: 그는 당신의 아버지 아닌가요?

- -

She is his mother.

: 그녀는 그의 어머니입니다.

| Is ↔ she | his mother?

: 그녀는 그의 어머니인가요?

| Isn't ↔ she | his mother?

: 그녀는 그의 어머니 아닌가요?

He is my son.

: 그는 나의 아들입니다.

Is ↔ he

my son?

: 그는 나의 아들인가요?

Isn't ↔ he my son?

: 그는 나의 아들 아닌가요?

- -

She is your daughter.

: 그녀는 당신의 딸입니다.

Is ↔ she

your daughter?

: 그녀는 당신의 딸인가요?

Isn't ↔ she your daughter?

: 그녀는 당신의 딸 아닌가요?

He is her brother.

: 그는 그녀의 오빠입니다.

Is ↔ he
Isn't ↔ he

her brother?

: 그는 그녀의 오빠인가요?

her brother?

: 그는 그녀의 오빠 아닌가요?

She is my sister.

: 그녀는 나의 누이입니다.

Is ↔ she
Isn't ↔ she

my sister?

: 그녀는 나의 누이인가요?

my sister?

: 그녀는 나의 누이 아닌가요?

He is your uncle.

: 그는 당신의 삼촌입니다.

| Is ↔ he |
| Isn't ↔ he |

your uncle?

: 그는 당신의 삼촌인가요?

your uncle?

: 그는 당신의 삼촌 아닌가요?

She is my aunt.

: 그녀는 나의 이모입니다.

| Is ↔ she |
| Isn't ↔ she |

my aunt?

: 그녀는 나의 이모인가요?

my aunt?

: 그녀는 나의 이모 아닌가요?

He is her cousin.

: 그는 그녀의 사촌입니다.

Is ↔ he
Isn't ↔ he

her cousin?

: 그는 그녀의 사촌인가요?

her cousin?

: 그는 그녀의 사촌 아닌가요?

- -

She is his grandmother.

: 그녀는 그의 할머니입니다.

Is ↔ she
Isn't ↔ she

his grandmother?

: 그녀는 그의 할머니인가요?

his grandmother?

: 그녀는 그의 할머니 아닌가요?

말 트이기 연습

461. 그는 당신의 아버지인가요?

....

462. 그는 당신의 아버지 아닌가요?

....

463. 그녀는 그의 어머니인가요?

....

464. 그녀는 그의 어머니 아닌가요?

....

465. 그는 나의 아들인가요?

....

466. 그는 나의 아들 아닌가요?

....

467. 그녀는 당신의 딸인가요?

....

468. 그녀는 당신의 딸 아닌가요?

....

469. 그는 그녀의 오빠인가요?

....

470. 그는 그녀의 오빠 아닌가요?

....

471. 그녀는 나의 누이인가요?

....

472. 그녀는 나의 누이 아닌가요?

....

473. 그는 당신의 삼촌인가요?

....

474. 그는 당신의 삼촌 아닌가요?

....

475. 그녀는 나의 이모인가요?

....

476. 그녀는 나의 이모 아닌가요?

....

477. 그는 그녀의 사촌인가요?

....

478. 그는 그녀의 사촌 아닌가요?

....

479. 그녀는 그의 할머니인가요?

....

480. 그녀는 그의 할머니 아닌가요?

....

말 트이기 연습 - 해답

461. 그는 당신의 아버지인가요?

Is he your father?

462. 그는 당신의 아버지 아닌가요?

Isn't he your father?

463. 그녀는 그의 어머니인가요?

Is she his mother?

464. 그녀는 그의 어머니 아닌가요?

Isn't she his mother?

465. 그는 나의 아들인가요?

Is he my son?

466. 그는 나의 아들 아닌가요?

Isn't he my son?

467. 그녀는 당신의 딸인가요?

Is she your daughter?

468. 그녀는 당신의 딸 아닌가요?

Isn't she your daughter?

469. 그는 그녀의 오빠인가요?

Is he her brother?

470. 그는 그녀의 오빠 아닌가요?

Isn't he her brother?

471. 그녀는 나의 누이인가요?

Is she my sister?

472. 그녀는 나의 누이 아닌가요?

Isn't she my sister?

473. 그는 당신의 삼촌인가요?

Is he your uncle?

474. 그는 당신의 삼촌 아닌가요?

Isn't he your uncle?

475. 그녀는 나의 이모인가요?

Is she my aunt?

476. 그녀는 나의 이모 아닌가요?

Isn't she my aunt?

477. 그는 그녀의 사촌인가요?

Is he her cousin?

478. 그는 그녀의 사촌 아닌가요?

Isn't he her cousin?

479. 그녀는 그의 할머니인가요?

Is she his grandmother?

480. 그녀는 그의 할머니 아닌가요?

Isn't she his grandmother?

55강 [나는 + ～였다
～지 않았다]

주어(I) + was(was not)

TIP

'나는 ～이다'라는 의미의 'I am'에서 'am' 대신 'was'를 붙이면 과거 의미의 문장이 되며, 의미는 '나는 ～였다'가 된다.
'I was'에서 뒤에 'not'을 붙여 'I was not' 혹은 'I wasn't'라고 하면 '나는 ～지 않았다'라는 의미의 부정문이 된다.

오늘의 단어

bored [보얼드]	excited [익사이티드]
지루한, 싫증난	흥분한, 신나는
surprised [설프라이즈드]	tired [타이얼드]
놀란	피곤한
scared [스케얼드]	interested [인터레스티드]
무서워하는, 겁먹은	흥미있는, 관심있는
disappointed [디서포인티드]	exhausted [이그자우스티드]
실망한, 낙담한	기운 빠진, 녹초가 된
satisfied [새티스파이드]	embarrassed [임베러스드]
만족한	무안한, 난처한

* 단어 끝에 'ed'로 끝나는 형용사도 알아둡시다. 회화에서 많이 쓰입니다.

I am bored.   : 나는 지루하다.

I am not bored.   : 나는 지루하지 않다.

I | was | bored.   : 나는 지루했다.

I | was not | bored. : 나는 지루하지 않았다.

- -

I am excited.   : 나는 신난다.

I am not excited. : 나는 신나지 않다.

I | was | excited.   : 나는 신났다.

I | was not | excited. : 나는 신나지 않았다.

I am surprised.　　　: 나는 놀란다.

I am not surprised.　　: 나는 놀라지 않는다.

I | was | surprised. : 나는 놀랐다.

I | was not | surprised. : 나는 놀라지 않았다.

- -

I am tired.　　　　　: 나는 피곤하다.

I am not tired.　　　　: 나는 피곤하지 않다.

I | was | tired.　　　: 나는 피곤했다.

I | was not | tired.　　: 나는 피곤하지 않았다.

I am scared.   : 나는 겁먹는다.

I am not scared.   : 나는 겁먹지 않는다.

I $\boxed{\begin{array}{l} \text{was} \\ \text{was not} \end{array}}$ scared.   : 나는 겁먹었다.

: 나는 겁먹지 않았다.

- -

I am interested.   : 나는 관심 있다.

I am not interested.   : 나는 관심 있지 않다.

I $\boxed{\begin{array}{l} \text{was} \\ \text{was not} \end{array}}$ interested. : 나는 관심 있었다.

interested. : 나는 관심 있지 않았다.

I am disappointed. : 나는 실망한다.

I am not disappointed. : 나는 실망하지 않는다.

I [was] disappointed. : 나는 실망했다.

I [was not] disappointed.

: 나는 실망하지 않았다.

- -

I am exhausted. : 나는 녹초가 된다.

I am not exhausted. : 나는 녹초가 아니다.

I [was] exhausted. : 나는 녹초가 되었다.

I [was not] exhausted.

: 나는 녹초가 되지 않았다.

I am satisfied. : 나는 만족한다.

I am not satisfied. : 나는 만족하지 않는다.

I | was | satisfied. : 나는 만족했다.

I | was not | satisfied. : 나는 만족하지 않았다.

- -

I am embarrassed. : 나는 난처하다.

I am not embarrassed. : 나는 난처하지 않다.

I | was | embarrassed. : 나는 난처했다.

I | was not | embarrassed.

: 나는 난처하지 않았다.

말 트이기 연습

481. 나는 지루했다.

   ....

482. 나는 지루하지 않았다.

   ....

483. 나는 신났다.

   ....

484. 나는 신나지 않았다.

   ....

485. 나는 놀랐다.

   ....

486. 나는 놀라지 않았다.

   ....

487. 나는 피곤했다.

   ....

488. 나는 피곤하지 않았다.

   ....

489. 나는 겁먹었다.

   ....

490. 나는 겁먹지 않았다.

   ....

491. 나는 관심 있었다.

....

492. 나는 관심 있지 않았다.

....

493. 나는 실망했다.

....

494. 나는 실망하지 않았다.

....

495. 나는 녹초가 되었다.

....

496. 나는 녹초가 되지 않았다.

....

497. 나는 만족했다.

....

498. 나는 만족하지 않았다.

....

499. 나는 난처했다.

....

500. 나는 난처하지 않았다.

....

말 트이기 연습 - 해답

481. 나는 지루했다.

I was bored.

482. 나는 지루하지 않았다.

I was not bored.

483. 나는 신났다.

I was excited.

484. 나는 신나지 않았다.

I was not excited.

485. 나는 놀랐다.

I was surprised.

486. 나는 놀라지 않았다.

I was not surprised.

487. 나는 피곤했다.

I was tired.

488. 나는 피곤하지 않았다.

I was not tired.

489. 나는 겁먹었다.

I was scared.

490. 나는 겁먹지 않았다.

I was not scared.

491. 나는 관심 있었다.
I was interested.

492. 나는 관심 있지 않았다.
I was not interested.

493. 나는 실망했다.
I was disappointed.

494. 나는 실망하지 않았다.
I was not disappointed.

495. 나는 녹초가 되었다.
I was exhausted.

496. 나는 녹초가 되지 않았다.
I was not exhausted.

497. 나는 만족했다.
I was satisfied.

498. 나는 만족하지 않았다.
I was not satisfied.

499. 나는 난처했다.
I was embarrassed.

500. 나는 난처하지 않았다.
I was not embarrassed.

56강 [너는 + ~였다 ~지 않았다]

주어(You) + were(were not)

TIP

'너는/당신은 ~이다'라는 의미의 'You are'에서 'are' 대신 'were'을 붙이면 과거 의미의 문장이 된다. 의미는 '너는/당신은 ~였다'가 된다.

'You were'에서 뒤에 'not'을 붙여서 'You were' 혹은 'You weren't'가 되면 '너는/당신은 ~지 않았다'라는 의미의 부정문이 된다.

오늘의 단어

adorable [어도러블]	intelligent [인텔리전트]
사랑스러운	지적인, 총명한
ambitious [엠비씨오스]	easy-going [이지고잉]
야심 있는	느긋한, 태평한
loyal [로우얄]	generous [제네로우스]
충성스러운, 충실한	관대한, 아량있는
polite [펄라이트]	selfish [셀피쉬]
공손한, 예의바른	이기적인
sociable [쏘셔블]	reliable [우릴라이블]
사교적인	믿음직한, 신뢰가 가는

* 단어 끝에 '-able', '-ous', '-ent', '-sh'로 끝나는 형용사도 알아둡시다.

You are adorable. : 너는 사랑스럽다.

You are not adorable.

: 너는 사랑스럽지 않다.

: 너는 사랑스러웠다.

You were adorable.

You were not adorable.

: 너는 사랑스럽지 않았다.

- -

You are intelligent. : 너는 지적이다.

You are not intelligent.

: 너는 지적이지 않다.

: 너는 지적이었다.

You were intelligent.

You were not intelligent.

: 너는 지적이지 않았다.

You are ambitious. : 너는 야심 있다.

You are not ambitious.

: 너는 야심이 있지 않다.

: 너는 야심이 있었다.

You were ambitious.

You were not ambitious.

: 너는 야심이 있지 않았다.

- -

You are easy-going. : 너는 느긋하다.

You are not easy-going.

: 너는 느긋하지 않다.

: 너는 느긋했다.

You were easy-going.

You were not easy-going.

: 너는 느긋하지 않았다.

You are loyal. : 너는 충성스럽다.

You are not loyal.
: 너는 충성스럽지 않다.

: 너는 충성스러웠다.

You | were | loyal.

You | were not | loyal.
: 너는 충성스럽지 않았다.

- -

You are generous. : 너는 관대하다.

You are not generous.
: 너는 관대하지 않다.

: 너는 관대했다.

You | were | generous.

You | were not | generous.
: 너는 관대하지 않았다.

You are polite.　: 너는 공손하다.

You are not polite.

: 너는 공손하지 않다.

: 너는 공손했다.

You were polite.

You were not polite.

: 너는 공손하지 않았다.

- -

You are selfish.　: 너는 이기적이다.

You are not selfish.

: 너는 이기적이지 않다.

: 너는 이기적이었다.

You were selfish.

You were not selfish.

: 너는 이기적이지 않았다.

You are sociable.   : 너는 사교적이다.
You are not sociable.
                              : 너는 사교적이지 않다.

                              : 너는 사교적이었다.

You | were | sociable.
You | were not | sociable.
                              : 너는 사교적이지 않았다.

- -

You are reliable.   : 너는 믿을 만하다.
You are not reliable.
                              : 너는 믿을 만하지 않다.

                              : 너는 믿을 만했다.

You | were | reliable.
You | were not | reliable.
                              : 너는 믿을 만하지 않았다.

말 트이기 연습

501. 너는 사랑스러웠다.

....

502. 너는 사랑스럽지 않았다.

....

503. 너는 지적이었다.

....

504. 너는 지적이지 않았다.

....

505. 너는 야심이 있었다.

....

506. 너는 야심이 있지 않았다.

....

507. 너는 느긋했다.

....

508. 너는 느긋하지 않았다.

....

509. 너는 충성스러웠다.

....

510. 너는 충성스럽지 않았다.

....

511. 너는 관대했다.

....

512. 너는 관대하지 않았다.

....

513. 너는 공손했다.

....

514. 너는 공손하지 않았다.

....

515. 너는 이기적이었다.

....

516. 너는 이기적이지 않았다.

....

517. 너는 사교적이었다.

....

518. 너는 사교적이지 않았다.

....

519. 너는 믿을 만했다.

....

520. 너는 믿을 만하지 않았다.

....

말 트이기 연습 - 해답

501. 너는 사랑스러웠다.

You were adorable.

502. 너는 사랑스럽지 않았다.

You were not adorable.

503. 너는 지적이었다.

You were intelligent.

504. 너는 지적이지 않았다.

You were not intelligent.

505. 너는 야심이 있었다.

You were ambitious.

506. 너는 야심이 있지 않았다.

You were not ambitious.

507. 너는 느긋했다.

You were easy-going.

508. 너는 느긋하지 않았다.

You were not easy-going.

509. 너는 충성스러웠다.

You were loyal.

510. 너는 충성스럽지 않았다.

You were not loyal.

511. 너는 관대했다.

You were generous.

512. 너는 관대하지 않았다.

You were not generous.

513. 너는 공손했다.

You were polite.

514. 너는 공손하지 않았다.

You were not polite.

515. 너는 이기적이었다.

You were selfish.

516. 너는 이기적이지 않았다.

You were not selfish.

517. 너는 사교적이었다.

You were sociable.

518. 너는 사교적이지 않았다.

You were not sociable.

519. 너는 믿을 만했다.

You were reliable.

520. 너는 믿을 만하지 않았다.

You were not reliable.

57강 [그는/그녀는 + ~였다 ~지 않았다]

주어(He/She) + was(was not)

TIP

'그는/그녀는 ~이다'라는 의미의 'He/She is'에서 'is' 대신 'was'를 붙이면 과거 의미의 문장이 된다. 의미는 '그는/그녀는 ~였다'가 된다.
'He/She was'에서 뒤에 'not'을 붙여서 'He/She was not' 혹은 'He/She wasn't'가 되면 '그는/그녀는 ~지 않았다'라는 의미의 부정문이 된다.

오늘의 단어

banker [뱅컬]	judge [졈지]
은행가	판사
secretary [세크러테어리]	model [마들]
비서	모델
pilot [파일롯]	architect [알키텍트]
조종사	건축가
carpenter [카펜털]	plumber [프러멀]
목수	배관공
mechanic [미케닉]	surgeon [설전]
기계 수리공	외과 의사

: 그는/그녀는 은행가이다.

He/She is a banker.
He/She is not a banker.

: 그는/그녀는 은행가가 아니다.

: 그는/그녀는 은행가였다.

He/She | was | a banker.
He/She | was not | a banker.

: 그는/그녀는 은행가가 아니었다.

- -

: 그는/그녀는 판사이다.

He/She is a judge.
He/She is not a judge.

: 그는/그녀는 판사가 아니다.

: 그는/그녀는 판사였다.

He/She | was | a judge.
He/She | was not | a judge.

: 그는/그녀는 판사가 아니었다.

: 그는/그녀는 비서이다.

He/She is a secretary.

He/She is not a secretary.

: 그는/그녀는 비서가 아니다.

: 그는/그녀는 비서였다.

He/She | was | a secretary.

He/She | was not | a secretary.

: 그는/그녀는 비서가 아니었다.

- -

: 그는/그녀는 모델이다.

He/She is a model.

He/She is not a model.

: 그는/그녀는 모델이 아니다.

: 그는/그녀는 모델이었다.

He/She | was | a model.

He/She | was not | a model.

: 그는/그녀는 모델이 아니었다.

: 그는/그녀는 조종사이다.

He/She is a pilot.

He/She is not a pilot.

: 그는/그녀는 조종사가 아니다.

: 그는/그녀는 조종사였다.

He/She | was | a pilot.

He/She | was not | a pilot.

: 그는/그녀는 조종사가 아니었다.

- -

: 그는/그녀는 건축가이다.

He/She is an architect.

He/She is not an architect.

: 그는/그녀는 건축가가 아니다.

: 그는/그녀는 건축가였다.

He/She | was | an architect.

He/She | was not | an architect.

: 그는/그녀는 건축가가 아니었다.

: 그는/그녀는 목수이다.

He/She is a carpenter.

He/She is not a carpenter.

: 그는/그녀는 목수가 아니다.

: 그는/그녀는 목수였다.

He/She | was | a carpenter.

He/She | was not | a carpenter.

: 그는/그녀는 목수가 아니었다.

- -

: 그는/그녀는 배관공이다.

He/She is a plumber.

He/She is not a plumber.

: 그는/그녀는 배관공이 아니다.

: 그는/그녀는 배관공이었다.

He/She | was | a plumber.

He/She | was not | a plumber.

: 그는/그녀는 배관공이 아니었다.

: 그는/그녀는 기계 수리공이다.

He/She is a mechanic.
He/She is not a mechanic.

: 그는/그녀는 기계 수리공이 아니다.

: 그는/그녀는 기계 수리공이었다.

He/She was a mechanic.
He/She was not a mechanic.

: 그는/그녀는 기계 수리공이 아니었다.

- -

: 그는/그녀는 외과 의사이다.

He/She is a surgeon.
He/She is not a surgeon.

: 그는/그녀는 외과 의사가 아니다.

: 그는/그녀는 외과 의사였다.

He/She was a surgeon.
He/She was not a surgeon.

: 그는/그녀는 외과 의사가 아니었다.

말 트이기 연습

521. 그는/그녀는 은행가였다.

....

522. 그는/그녀는 은행가가 아니었다.

....

523. 그는/그녀는 판사였다.

....

524. 그는/그녀는 판사가 아니었다.

....

525. 그는/그녀는 비서였다.

....

526. 그는/그녀는 비서가 아니었다.

....

527. 그는/그녀는 모델이었다.

....

528. 그는/그녀는 모델이 아니었다.

....

529. 그는/그녀는 조종사였다.

....

530. 그는/그녀는 조종사가 아니었다.

....

531. 그는/그녀는 건축가였다.

....

532. 그는/그녀는 건축가가 아니었다.

....

533. 그는/그녀는 목수였다.

....

534. 그는/그녀는 목수가 아니었다.

....

535. 그는/그녀는 배관공이었다.

....

536. 그는/그녀는 배관공이 아니었다.

....

537. 그는/그녀는 기계 수리공이었다.

....

538. 그는/그녀는 기계 수리공이 아니었다.

....

539. 그는/그녀는 외과 의사였다.

....

540. 그는/그녀는 외과 의사가 아니었다.

....

말 트이기 연습 - 해답

521. 그는/그녀는 은행가였다.

He/She was a banker.

522. 그는/그녀는 은행가가 아니었다.

He/She was not a banker.

523. 그는/그녀는 판사였다.

He/She was a judge.

524. 그는/그녀는 판사가 아니었다.

He/She was not a judge.

525. 그는/그녀는 비서였다.

He/She was a secretary.

526. 그는/그녀는 비서가 아니었다.

He/She was not a secretary.

527. 그는/그녀는 모델이었다.

He/She was a model.

528. 그는/그녀는 모델이 아니었다.

He/She was not a model.

529. 그는/그녀는 조종사였다.

He/She was a pilot.

530. 그는/그녀는 조종사가 아니었다.

He/She was not a pilot.

531. 그는/그녀는 건축가였다.

He/She was an architect.

532. 그는/그녀는 건축가가 아니었다.

He/She was not an architect.

533. 그는/그녀는 목수였다.

He/She was a carpenter.

534. 그는/그녀는 목수가 아니었다.

He/She was not a carpenter.

535. 그는/그녀는 배관공이었다.

He/She was a plumber.

536. 그는/그녀는 배관공이 아니었다.

He/She was not a plumber.

537. 그는/그녀는 기계 수리공이었다.

He/She was a mechanic.

538. 그는/그녀는 기계 수리공이 아니었다.

He/She was not a mechanic.

539. 그는/그녀는 외과 의사였다.

He/She was a surgeon.

540. 그는/그녀는 외과 의사가 아니었다.

He/She was not a surgeon.

58강 [내가 ~였나요?
~이 아니었나요?]

Was I / Wasn't I ~ ?

TIP

'나는 ~이다'라는 의미의 'I am'에서 'am' 대신 'was'를 붙이면 과거 의미의 문장이 된다. 의미는 '나는 ~ (했)었다'가 된다.

질문하는 문장을 만들려면, 마찬가지로 그냥 'I'와 'was'의 위치만 바꾸어 줘서 'Was I ~ ?'라고 하면 된다. 그러면 '나는 ~였나요?'의 의미가 된다. 질문하는 문장에서 부정을 만들 때는 'Was not I ~ ?' 즉 'Wasn't I'라고 하면 된다. 의미는 '나는 ~이 아니었나요?'가 되지만 많이 쓰이지는 않는다.

오늘의 단어

unique [유니크]	special [스페셜]
독특한, 특이한	특별한
jealous [젤러스]	sensitive [센서티브]
시샘하는, 질투하는	민감한, 예민한
positive [퍼지티브]	rude [우루드]
긍정적인	무례한, 버릇없는
gloomy [글루미]	envious [엔비어스]
우울한, 비관적인	부러워하는
depressed [디프레스드]	narrow-minded [내로우마인디드]
침체된, 의기소침인	속 좁은, 쩨쩨한

* 강조를 할 때는 형용사 앞에 'so'를 붙여 '너무, 매우'라는 의미로 강조하기도 한다.

Was ↔ I	(so) unique? : 제가 (너무) 독특했나요?
Was ↔ I	(so) special? : 제가 (너무) 특별했나요?
Was ↔ I	(so) jealous? : 제가 (너무) 질투했나요?
Was ↔ I	(so) sensitive? : 제가 (너무) 민감했나요?
Was ↔ I	(so) positive? : 제가 (너무) 긍정적이었나요?
Was ↔ I	(so) rude? : 제가 (너무) 무례했나요?
Was ↔ I	(so) gloomy? : 제가 (너무) 우울했나요?
Was ↔ I	(so) envious? : 제가 (너무) 부러워했나요?
Was ↔ I	(so) depressed? : 제가 (너무) 의기소침했나요?
Was ↔ I	(so) narrow-minded? : 제가 (너무) 속이 좁았나요?

말 트이기 연습

541. 저는 (매우) 독특했어요.

....

542. 제가 (너무) 독특했나요?

....

543. 저는 (매우) 특별했어요.

....

544. 제가 (너무) 특별했나요?

....

545. 저는 (매우) 질투를 잘 했어요.

....

546. 제가 (너무) 질투했나요?

....

547. 저는 (매우) 민감했어요.

....

548. 제가 (너무) 민감했나요?

....

549. 저는 (매우) 긍정적이었어요.

....

550. 제가 (너무) 긍정적이었나요?

....

551. 저는 (매우) 무례했어요.

....

552. 제가 (너무) 무례했나요?

....

553. 저는 (매우) 우울했어요.

....

554. 제가 (너무) 우울했나요?

....

555. 저는 (매우) 부러워했어요.

....

556. 제가 (너무) 부러워했나요?

....

557. 저는 (매우) 의기소침했어요.

....

558. 제가 (너무) 의기소침했나요?

....

559. 저는 (매우) 속이 좁았어요.

....

560. 제가 (너무) 속이 좁았나요?

....

말 트이기 연습 - 해답

541. 저는 (매우) 독특했어요.

I was (so) unique.

542. 제가 (너무) 독특했나요?

Was I (so) unique?

543. 저는 (매우) 특별했어요.

I was (so) special.

544. 제가 (너무) 특별했나요?

Was I (so) special?

545. 저는 (매우) 질투를 잘 했어요.

I was (so) jealous.

546. 제가 (너무) 질투했나요?

Was I (so) jealous?

547. 저는 (매우) 민감했어요.

I was (so) sensitive.

548. 제가 (너무) 민감했나요?

Was I (so) sensitive?

549. 저는 (매우) 긍정적이었어요.

I was (so) positive.

550. 제가 (너무) 긍정적이었나요?

Was I (so) positive?

> 큰 소리로 읽으면서 답을 맞춰 봅시다.

551. 저는 (매우) 무례했어요.
I was (so) rude.

552. 제가 (너무) 무례했나요?
Was I (so) rude?

553. 저는 (매우) 우울했어요.
I was (so) gloomy.

554. 제가 (너무) 우울했나요?
Was I (so) gloomy?

555. 저는 (매우) 부러워했어요.
I was (so) envious.

556. 제가 (너무) 부러워했나요?
Was I (so) envious?

557. 저는 (매우) 의기소침했어요.
I was (so) depressed.

558. 제가 (너무) 의기소침했나요?
Was I (so) depressed?

559. 저는 (매우) 속이 좁았어요.
I was (so) narrow-minded.

560. 제가 (너무) 속이 좁았나요?
Was I (so) narrow-minded?

59강 [당신은 ~였나요? ~가 아니었나요?]

Were you / Weren't you ~ ?

TIP

'너/당신은 ~이었다' (You were ~) 문장에서 질문하는 문장을 만들려면, 마찬가지로 그냥 'You'와 'were'의 위치만 바꾸어 줘서 'Were you ~ ?'라고 하면 된다. 그러면 '너/당신은 ~이었나요?'의 의미가 된다.

부정의문문을 만들 때는 'Were not you ~ ?' 즉, 'Weren't you ~ ?'라고 하면 '너/당신은 ~가 아니었나요?'의 의미가 된다.

오늘의 단어

hairdresser [헤어드레설]	bus driver [버스드라이벌]
미용사	버스 운전사
stewardess [스튜얼디스]	author [어썰]
승무원	작가
fire-fighter [파이어파이털]	guard [가알드]
소방관	경비원
trainer [트뤠이너]	director [디렉털]
트레이너	감독
journalist [저널리스트]	mayor [메이얼]
기자	시장

Were ↔ you a hairdresser?
: 당신은 미용사였나요?

Weren't ↔ you a hairdresser?
: 당신은 미용사 아니었나요?

Were ↔ you a bus driver?
: 당신은 버스 운전사였나요?

Weren't ↔ you a bus driver?
: 당신은 버스 운전사 아니었나요?

Were ↔ you a stewardess?
: 당신은 승무원이었나요?

Weren't ↔ you a stewardess?
: 당신은 승무원 아니었나요?

Were ↔ you an author?
: 당신은 작가였나요?

Weren't ↔ you an author?
: 당신은 작가 아니었나요?

Were ↔ you | a fire-fighter?
: 당신은 소방관이었나요?

Weren't ↔ you | a fire-fighter?
: 당신은 소방관 아니었나요?

Were ↔ you | a guard?
: 당신은 경비원이었나요?

Weren't ↔ you | a guard?
: 당신은 경비원 아니었나요?

Were ↔ you | a trainer?
: 당신은 트레이너였나요?

Weren't ↔ you | a trainer?
: 당신은 트레이너 아니었나요?

Were ↔ you | a director?
: 당신은 감독이었나요?

Weren't ↔ you | a director?
: 당신은 감독 아니었나요?

Were ↔ you	a journalist?

: 당신은 기자였나요?

Weren't ↔ you	a journalist?

: 당신은 기자 아니었나요?

Were ↔ you	a mayor?

: 당신은 시장이었나요?

Weren't ↔ you	a mayor?

: 당신은 시장 아니었나요?

여기서 잠깐!

사람이나 직업을 나타내는 단어는 주로 단어 뒤에 'er'이나 'or', 'ist'로 끝나는 경우가 많습니다. 그 형태를 알아 놓으시고, 또 다른 예외도 많이 알아 둡시다. (뜻은 교재 참조)

- 'or'로 끝나는 사람을 나타내는 명사
  : doctor, author, director, mayor 등
- 'er'로 끝나는 사람을 나타내는 명사
  : teacher, trainer, writer, dancer 등
- 'ist'로 끝나는 사람을 나타내는 명사
  : pianist, journalist, violinist 등
- 예외인 사람을 나타내는 명사
  : cook, guard, pilot, judge, mechanic, architect 등

말 트이기 연습

561. 당신은 미용사였나요?

....

562. 당신은 미용사 아니었나요?

....

563. 당신은 버스 운전사였나요?

....

564. 당신은 버스 운전사 아니었나요?

....

565. 당신은 승무원이었나요?

....

566. 당신은 승무원 아니었나요?

....

567. 당신은 작가였나요?

....

568. 당신은 작가 아니었나요?

....

569. 당신은 소방관이었나요?

....

570. 당신은 소방관 아니었나요?

....

큰 소리로 읽으면서 직접 써 봅시다.

571. 당신은 경비원이었나요?

....

572. 당신은 경비원 아니었나요?

....

573. 당신은 트레이너였나요?

....

574. 당신은 트레이너 아니었나요?

....

575. 당신은 감독이었나요?

....

576. 당신은 감독 아니었나요?

....

577. 당신은 기자였나요?

....

578. 당신은 기자 아니었나요?

....

579. 당신은 시장이었나요?

....

580. 당신은 시장 아니었나요?

....

말 트이기 연습 - 해답

561. 당신은 미용사였나요?

Were you a hairdresser?

562. 당신은 미용사 아니었나요?

Weren't you a hairdresser?

563. 당신은 버스 운전사였나요?

Were you a bus driver?

564. 당신은 버스 운전사 아니었나요?

Weren't you a bus driver?

565. 당신은 승무원이었나요?

Were you a stewardess?

566. 당신은 승무원 아니었나요?

Weren't you a stewardess?

567. 당신은 작가였나요?

Were you an author?

568. 당신은 작가 아니었나요?

Weren't you an author?

569. 당신은 소방관이었나요?

Were you a fire-fighter?

570. 당신은 소방관 아니었나요?

Weren't you a fire-fighter?

571. 당신은 경비원이었나요?

Were you a guard?

572. 당신은 경비원 아니었나요?

Weren't you a guard?

573. 당신은 트레이너였나요?

Were you a trainer?

574. 당신은 트레이너 아니었나요?

Weren't you a trainer?

575. 당신은 감독이었나요?

Were you a director?

576. 당신은 감독 아니었나요?

Weren't you a director?

577. 당신은 기자였나요?

Were you a journalist?

578. 당신은 기자 아니었나요?

Weren't you a journalist?

579. 당신은 시장이었나요?

Were you a mayor?

580. 당신은 시장 아니었나요?

Weren't you a mayor?

60강 [그는/그녀는 ~였나요?
~가 아니었나요?]

Was he/she, Wasn't he/she ~ ?

TIP

'그는/그녀는 ~이었다' (He/She was ~) 문장에서 질문하는 문장을 만들려면, 마찬가지로 그냥 'He/She'와 'was'의 위치만 바꾸어 줘서 'Was he/she ~ ?'라고 하면 된다. 그럼 의미가 '그는/그녀는 ~이었나요?'의 의미가 된다.

부정의문문을 만들 때는 'Was not he/she ~ ?' 즉, 'Wasn't he/she ~ ?'라고 하면 '그는/그녀는 ~가 아니었나요?'의 의미가 된다. 마찬가지로 많이 쓰는 표현은 아니다.

오늘의 단어

mad [매드]	shy [샤이]
몹시 화난	부끄러운, 수줍은
outgoing [아웃고잉]	talkative [터커티브]
외향적인	말이 많은, 수다스러운
hardworking [할드월킹]	humorous [휴머러스]
근면한, 성실한	유머 있는, 재미있는
arrogant [애로건트]	mean [미인]
거만한	야비한
bossy [버시]	humble [험블]
권위적인	겸손한

Was ↔ he/she	mad? : 그는/그녀는 화 많이 났었니?
Was ↔ he/she	shy? : 그는/그녀는 수줍어했니?
Was ↔ he/she	outgoing? : 그는/그녀는 외향적이었니?
Was ↔ he/she	talkative? : 그는/그녀는 말이 많았니?
Was ↔ he/she	hardworking? : 그는/그녀는 성실했니?
Was ↔ he/she	humorous? : 그는/그녀는 재미있었니?
Was ↔ he/she	arrogant? : 그는/그녀는 거만했니?
Was ↔ he/she	mean? : 그는/그녀는 못됐었니?
Was ↔ he/she	bossy? : 그는/그녀는 권위적이었니?
Was ↔ he/she	humble? : 그는/그녀는 겸손했니?

말 트이기 연습

581. 그는/그녀는 화 많이 났었다.

....

582. 그는/그녀는 화 많이 났었니?

....

583. 그는/그녀는 수줍어했다.

....

584. 그는/그녀는 수줍어했니?

....

585. 그는/그녀는 외향적이었다.

....

586. 그는/그녀는 외향적이었니?

....

587. 그는/그녀는 말이 많았다.

....

588. 그는/그녀는 말이 많았니?

....

589. 그는/그녀는 성실했다.

....

590. 그는/그녀는 성실했니?

....

591. 그는/그녀는 재미있었다.

....

592. 그는/그녀는 재미있었니?

....

593. 그는/그녀는 거만했다.

....

594. 그는/그녀는 거만했니?

....

595. 그는/그녀는 못됐었다.

....

596. 그는/그녀는 못됐었니?

....

597. 그는/그녀는 권위적이었다.

....

598. 그는/그녀는 권위적이었니?

....

599. 그는/그녀는 겸손했다.

....

600. 그는/그녀는 겸손했니?

....

말 트이기 연습 - 해답

581. 그는/그녀는 화 많이 났었다.

He/She was mad.

582. 그는/그녀는 화 많이 났었니?

Was he/she mad?

583. 그는/그녀는 수줍어했다.

He/She was shy.

584. 그는/그녀는 수줍어했니?

Was he/she shy?

585. 그는/그녀는 외향적이었다.

He/She was outgoing.

586. 그는/그녀는 외향적이었니?

Was he/she outgoing?

587. 그는/그녀는 말이 많았다.

He/She was talkative.

588. 그는/그녀는 말이 많았니?

Was he/she talkative?

589. 그는/그녀는 성실했다.

He/She was hardworking.

590. 그는/그녀는 성실했니?

Was he/she hardworking?

591. 그는/그녀는 재미있었다.
He/She was humorous.

592. 그는/그녀는 재미있었니?
Was he/she humorous?

593. 그는/그녀는 거만했다.
He/She was arrogant.

594. 그는/그녀는 거만했니?
Was he/she arrogant?

595. 그는/그녀는 못됐었다.
He/She was mean.

596. 그는/그녀는 못됐었니?
Was he/she mean?

597. 그는/그녀는 권위적이었다.
He/She was bossy.

598. 그는/그녀는 권위적이었니?
Was he/she bossy?

599. 그는/그녀는 겸손했다.
He/She was humble.

600. 그는/그녀는 겸손했니?
Was he/she humble?

PASSPORT 2

다음 문장을 읽고 1초 내에 바로 말할 수 있도록 훈련해 봅시다.

101. 너는 직업이 무엇이니?

102. 너는 무엇을 뜻하는 거니?

103. 너는 무엇을 입고 있니?

104. 너는 오늘 밤 무엇을 먹었니?

105. 너는 이틀 전에는 무엇을 연주했니? / 운동했니?

106. 너는 지난주에는 무엇을 보았니?

107. 너는 무엇을 보낼 수 있니?

108. 나는 메시지를 보낼 수 있어.

109. 너는 무엇을 가져올 수 있니?

110. 나는 내 카메라를 가져올 수 있어.

큰 소리로 답을 말해 봅시다.

총 100문장 중 80문장 이상 맞히시면 다음 과정으로 넘어가세요.

111. 너는 이번 달에 무엇을 가르칠 거니?

....

112. 너는 다음 주에 무엇을 배울 거니?

....

113. 너는 내년에 무엇을 해볼 거니?

....

114. 너는 언제 문 여니?

....

115. 너는 언제 시작하니?

....

116. 너는 언제 읽니?

....

117. 너는 고속도로에서 언제 운전했니?

....

118. 너는 부엌에서 언제 요리했니?

....

119. 너는 욕실에서 언제 씻었니?

....

120. 너는 언제 올 수 있니?

....

PASSPORT 2

다음 문장을 읽고 1초 내에 바로 말할 수 있도록 훈련해 봅시다.

101. 너는 직업이 무엇이니?

What do you do?

102. 너는 무엇을 뜻하는 거니?

What do you mean?

103. 너는 무엇을 입고 있니?

What do you wear?

104. 너는 오늘 밤 무엇을 먹었니?

What did you have tonight?

105. 너는 이틀 전에는 무엇을 연주했니? / 운동했니?

What did you play two days ago?

106. 너는 지난주에는 무엇을 보았니?

What did you see last week?

107. 너는 무엇을 보낼 수 있니?

What can you send?

108. 나는 메시지를 보낼 수 있어.

I can send a message.

109. 너는 무엇을 가져올 수 있니?

What can you bring?

110. 나는 내 카메라를 가져올 수 있어.

I can bring my camera.

111. 너는 이번 달에 무엇을 가르칠 거니?

What will you teach this month?

112. 너는 다음 주에 무엇을 배울 거니?

What will you learn next week?

113. 너는 내년에 무엇을 해볼 거니?

What will you try next year?

114. 너는 언제 문 여니?

When do you open?

115. 너는 언제 시작하니?

When do you start?

116. 너는 언제 읽니?

When do you read?

117. 너는 고속도로에서 언제 운전했니?

When did you drive in the highway?

118. 너는 부엌에서 언제 요리했니?

When did you cook in the kitchen?

119. 너는 욕실에서 언제 씻었니?

When did you wash in the bathroom?

120. 너는 언제 올 수 있니?

When can you come?

PASSPORT 2

다음 문장을 읽고 1초 내에 바로 말할 수 있도록 훈련해 봅시다.

121. 나는 12월에 올 수 있어.

....

122. 너는 언제 끝낼 수 있니?

....

123. 나는 아침에 끝낼 수 있어.

....

124. 너는 언제 만날 거니?

....

125. 나는 목요일에 만날 거야.

....

126. 너는 언제 공부할 거니?

....

127. 나는 새벽에 공부할 거야.

....

128. 너는 어디서 주차하니?

....

129. 너는 어디서 머무르니?

....

130. 너는 토요일 날 어디서 즐겼니?

....

큰 소리로 답을 말해 봅시다.

총 100문장 중 80문장 이상 맞히시면 다음 과정으로 넘어가세요.

131. 너는 아침에 어디서 전화 받았니?

....

132. 너는 오늘 밤 어디서 샤워했니?

....

133. 너는 어디서 만날 수 있니?

....

134. 너는 어디서 (물건을) 살 수 있니?

....

135. 너는 어디서 살 거니?

....

136. 나는 3층에서 살 거야.

....

137. 너는 어디서 기다릴 거니?

....

138. 나는 코너에서 기다릴 거야.

....

139. 나는 시험을 시작했다.

....

140. 나는 교실에서 기다렸다.

....

PASSPORT 2

다음 문장을 읽고 1초 내에 바로 말할 수 있도록 훈련해 봅시다.

121. 나는 12월에 올 수 있어.

I can come in December.

122. 너는 언제 끝낼 수 있니?

When can you finish?

123. 나는 아침에 끝낼 수 있어.

I can finish in the morning.

124. 너는 언제 만날 거니?

When will you meet?

125. 나는 목요일에 만날 거야.

I will meet on Thursday.

126. 너는 언제 공부할 거니?

When will you study?

127. 나는 새벽에 공부할 거야.

I will study at dawn.

128. 너는 어디서 주차하니?

Where do you park?

129. 너는 어디서 머무르니?

Where do you stay?

130. 너는 토요일 날 어디서 즐겼니?

Where did you have fun on Saturday?

큰 소리로 읽으면서 답을 맞춰 봅시다.

총 100문장 중 80문장 이상 맞히시면 다음 과정으로 넘어가세요.

131. 너는 아침에 어디서 전화 받았니?

Where did you get a call in the morning?

132. 너는 오늘 밤 어디서 샤워했니?

Where did you take a shower tonight?

133. 너는 어디서 만날 수 있니?

Where can you meet?

134. 너는 어디서 (물건을) 살 수 있니?

Where can you get?

135. 너는 어디서 살 거니?

Where will you live?

136. 나는 3층에서 살 거야.

I will live on the third floor.

137. 너는 어디서 기다릴 거니?

Where will you wait?

138. 나는 코너에서 기다릴 거야.

I will wait on the corner.

139. 나는 시험을 시작했다.

I started the test.

140. 나는 교실에서 기다렸다.

I waited in the classroom.

PASSPORT 2

다음 문장을 읽고 1초 내에 바로 말할 수 있도록 훈련해 봅시다.

141. 나는 그 일을 시도해 봤다.

....

142. 나는 의자에 앉았다.

....

143. 나는 그 뉴스를 들었다.

....

144. 나는 책을 읽었다.

....

145. 나는 유명한 의사이다.

....

146. 나는 용감한 경찰관이다.

....

147. 나는 바쁜 요리사이다.

....

148. 너는 젊은 선생님이다.

....

149. 너는 (실력이) 좋은 화가이다.

....

150. 너는 가난한 디자이너이다.

....

큰 소리로 답을 말해 봅시다.

총 100문장 중 80문장 이상 맞히시면 다음 과정으로 넘어가세요.

151. 그는 친절한 치과의사이다.

....

152. 그녀는 나이 많은 음악가이다.

....

153. 나는 그렇게 배고프지는 않다.

....

154. 나는 그렇게 부자는 아니다.

....

155. 나는 그렇게 슬프지는 않다.

....

156. 너는 그렇게 어리지는 않다.

....

157. 너는 (상태가) 그렇게 나쁘지는 않다.

....

158. 너는 그렇게 멍청하지는 않다.

....

159. 그녀는 그렇게 아름답지는 않다.

....

160. 그는 그렇게 인기 있는 것은 아니다.

....

PASSPORT 2

다음 문장을 읽고 1초 내에 바로 말할 수 있도록 훈련해 봅시다.

141. 나는 그 일을 시도해 봤다.
I tried the job.

142. 나는 의자에 앉았다.
I sat on the chair.

143. 나는 그 뉴스를 들었다.
I heard the news.

144. 나는 책을 읽었다.
I read the book.

145. 나는 유명한 의사이다.
I am a famous doctor.

146. 나는 용감한 경찰관이다.
I am a brave policeman.

147. 나는 바쁜 요리사이다.
I am a busy cook.

148. 너는 젊은 선생님이다.
You are a young teacher.

149. 너는 (실력이) 좋은 화가이다.
You are a good painter.

150. 너는 가난한 디자이너이다.
You are a poor designer.

151. 그는 친절한 치과의사이다.

He is a kind dentist.

152. 그녀는 나이 많은 음악가이다.

She is an old musician.

153. 나는 그렇게 배고프지는 않다.

I am not that hungry.

154. 나는 그렇게 부자는 아니다.

I am not that rich.

155. 나는 그렇게 슬프지는 않다.

I am not that sad.

156. 너는 그렇게 어리지는 않다.

You are not that young.

157. 너는 (상태가) 그렇게 나쁘지는 않다.

You are not that bad.

158. 너는 그렇게 멍청하지는 않다.

You are not that stupid.

159. 그녀는 그렇게 아름답지는 않다.

She is not that beautiful.

160. 그는 그렇게 인기 있는 것은 아니다.

He is not that popular.

161. 내가 맞나요?

....

162. 내가 틀린 건가요?

....

163. 내가 늦은 건가요?

....

164. 당신은 배우인가요?

....

165. 당신은 기술자인가요?

....

166. 당신은 주부인가요?

....

167. 당신은 베이비시터가 아닌가요?

....

168. 당신은 농부가 아닌가요?

....

169. 당신은 변호사가 아닌가요?

....

170. 그는 나의 아들인가요?

....

큰 소리로 답을 말해 봅시다.

총 100문장 중 80문장 이상 맞히시면 다음 과정으로 넘어가세요.

171. 그녀는 나의 누이인가요?

....

172. 그는 당신의 아버지가 아닌가요?

....

173. 그녀는 당신의 딸이 아닌가요?

....

174. 나는 지루했다.

....

175. 나는 신났다.

....

176. 나는 놀랐다.

....

177. 나는 피곤하지 않았다.

....

178. 나는 녹초가 되지 않았다.

....

179. 나는 난처하지 않았다.

....

180. 너는 사랑스러웠다.

....

PASSPORT 2

다음 문장을 읽고 1초 내에 바로 말할 수 있도록 훈련해 봅시다.

161. 내가 맞나요?

Am I right?

162. 내가 틀린 건가요?

Am I wrong?

163. 내가 늦은 건가요?

Am I late?

164. 당신은 배우인가요?

Are you an actor?

165. 당신은 기술자인가요?

Are you an engineer?

166. 당신은 주부인가요?

Are you a housekeeper?

167. 당신은 베이비시터가 아닌가요?

Aren't you a baby-sitter?

168. 당신은 농부가 아닌가요?

Aren't you a farmer?

169. 당신은 변호사가 아닌가요?

Aren't you a lawyer?

170. 그는 나의 아들인가요?

Is he my son?

큰 소리로 읽으면서 답을 맞춰 봅시다.

총 100문장 중 80문장 이상 맞히시면 다음 과정으로 넘어가세요.

171. 그녀는 나의 누이인가요?

Is she my sister?

172. 그는 당신의 아버지가 아닌가요?

Isn't he your father?

173. 그녀는 당신의 딸이 아닌가요?

Isn't she your daughter?

174. 나는 지루했다.

I was bored.

175. 나는 신났다.

I was excited.

176. 나는 놀랐다.

I was surprised.

177. 나는 피곤하지 않았다.

I was not tired.

178. 나는 녹초가 되지 않았다.

I was not exhausted.

179. 나는 난처하지 않았다.

I was not embarrassed.

180. 너는 사랑스러웠다.

You were adorable.

PASSPORT 2

다음 문장을 읽고 1초 내에 바로 말할 수 있도록 훈련해 봅시다.

181. 너는 느긋했다.

....

182. 너는 관대했다.

....

183. 너는 이기적이지 않았다.

....

184. 너는 사교적이지 않았다.

....

185. 너는 믿을 만하지 않았다.

....

186. 그는 판사였다.

....

187. 그녀는 비서였다.

....

188. 그는 건축가가 아니었다.

....

189. 그녀는 배관공이 아니었다.

....

190. 제가 너무 독특했나요?

....

큰 소리로 답을 말해 봅시다.

총 100문장 중 80문장 이상 맞히시면 다음 과정으로 넘어가세요.

191. 제가 너무 질투했나요?

....

192. 제가 너무 무례했나요?

....

193. 제가 너무 의기소침했나요?

....

194. 당신은 버스 운전사였나요?

....

195. 당신은 시장이었나요?

....

196. 당신은 승무원이 아니었나요?

....

197. 당신은 기자가 아니었나요?

....

198. 그는 수줍어했니?

....

199. 그녀는 말이 많았니?

....

200. 그는 권위적이었니?

....

PASSPORT 2

다음 문장을 읽고 1초 내에 바로 말할 수 있도록 훈련해 봅시다.

181. 너는 느긋했다.

You were easy-going.

182. 너는 관대했다.

You were generous.

183. 너는 이기적이지 않았다.

You were not selfish.

184. 너는 사교적이지 않았다.

You were not sociable.

185. 너는 믿을 만하지 않았다.

You were not reliable.

186. 그는 판사였다.

He was a judge.

187. 그녀는 비서였다.

She was a secretary.

188. 그는 건축가가 아니었다.

He was not an architect.

189. 그녀는 배관공이 아니었다.

She was not a plumber.

190. 제가 너무 독특했나요?

Was I so unique?

큰 소리로 읽으면서 답을 맞춰 봅시다.

총 100문장 중 80문장 이상 맞히시면 다음 과정으로 넘어가세요.

191. 제가 너무 질투했나요?

Was I so jealous?

192. 제가 너무 무례했나요?

Was I so rude?

193. 제가 너무 의기소침했나요?

Was I so depressed?

194. 당신은 버스 운전사였나요?

Were you a bus driver?

195. 당신은 시장이었나요?

Were you a mayor?

196. 당신은 승무원이 아니었나요?

Weren't you a stewardess?

197. 당신은 기자가 아니었나요?

Weren't you a journalist?

198. 그는 수줍어했니?

Was he shy?

199. 그녀는 말이 많았니?

Was she talkative?

200. 그는 권위적이었니?

Was he bossy?

▷▷ 필수 기초 **불규칙동사**

현재형	동사 의미	과거형	현재형	동사 의미	과거형
be (am, is, are)	~이다, 있다	was (were)	lead	이끌다	led
become	~가 되다	became	leave	떠나다, 남겨두다	left
begin	시작하다	began	lend	빌려주다	lent
break	깨다, 어기다	broke	let	시키다	let
bring	가져오다	brought	lose	잃다	lost
build	건설하다	built	make	만들다	made
buy	사다	bought	mean	의미하다	meant
catch	잡다	caught	meet	만나다	met
choose	고르다, 선택하다	chose	misunderstand	오해하다	misunderstood
come	오다	came	pay	지불하다	paid
cost	비용이 들다	cost	put	놓다, 넣다	put
cut	자르다	cut	read	읽다	read
do	하다	did	ring	울리다	rang
draw	당기다, 그리다, 인출하다	drew	run	뛰다, 달리다	ran
drink	마시다	drank	say	말하다	said
drive	운전하다, 몰아붙이다	drove	see	보다	saw
eat	먹다	ate	sell	팔다	sold
fall	떨어지다, 하락하다	fell	send	보내다	sent
feel	느끼다	felt	sing	노래하다	sang
fight	싸우다	fought	sit	앉다	sat
find	찾다, 알아내다	found	sleep	자다	slept
fly	날다	flew	smell	냄새를 내다	smelt
forget	잊다	forgot	speak	말하다	spoke
get	갖다, 얻다	got	spend	쓰다, 소비하다	spent
give	주다	gave	stand	서다, 참다	stood
go	가다	went	swim	수영하다	swam
grow	자라다	grew	take	취하다, 가져가다	took
have	가지다	had	teach	가르치다	taught
hear	듣다, 들리다	heard	tell	말하다	told
hide	숨기다	hid	throw	던지다	threw
hit	치다, 때리다	hit	understand	이해하다	understood
hold	잡다, 개최하다	held	wear	입다	wore
keep	유지하다	kept	win	이기다	won
know	알다	knew	write	쓰다	wrote

▶▶ 필수 기초 **형용사** (성격, 상태, 상황)

adorable	사랑스러운, 숭배할 만한	mean	야비한
ambitious	야심 있는	narrow-minded	속 좁은, 쩨쩨한
arrogant	거만한	naive	순진한
bad	(상태가)안 좋은, 나쁜	nervous	긴장한, 흥분한
beautiful	아름다운	new	새로운
brave	용감한	nice	좋은, 훌륭한, 친절한
bossy	권위적인	old	나이 든, 늙은
bored	지루한, 싫증난	outgoing	외향적인
busy	바쁜	polite	공손한, 예의바른
clever	영리한, 눈치가 빠른	poor	가난한
correct	맞는, 정확한	popular	대중적인, 인기 있는
cute	귀여운, 예쁜	positive	긍정적인
depressed	침체된, 의기소침한	pretty	예쁜
disappointed	실망한, 낙담한	reliable	믿음직한, 신뢰가 가는
easy-going	느긋한, 태평한	rich	돈 많은, 풍부한
embarrassed	무안한, 난처한	right	옳은, 올바른
excited	흥분한, 신나는	rude	무례한, 버릇없는
exhausted	기운 빠진, 녹초가 된	sad	슬픈
envious	부러워하는	satisfied	만족한
famous	유명한	scared	무서워하는, 겁먹은
fat	뚱뚱한	serious	심각한, 진지한
free	자유로운	selfish	이기적인
friendly	친한, 우호적인, 상냥한	sensitive	민감한, 예민한
full	가득 찬, 배부른	short	키가 작은
generous	관대한, 아량 있는	shy	부끄러운, 수줍은
gloomy	우울한, 비관적인	sick	아픈, 그리워하는
good	(상태가) 좋은, 착한	skinny	마른, 얇은
hardworking	근면한, 성실한	smart	똑똑한, 현명한
happy	행복한	sociable	사교적인
humble	겸손한	special	특별한
humorous	유머 있는, 재미있는	strong	강한, 힘센
hungry	배고픈	stupid	멍청한
incorrect	맞지 않는, 부정확한	surprised	놀란
intelligent	지적인, 총명한	talkative	말이 많은, 수다스러운
interested	흥미 있는, 관심 있는	tall	키가 큰
jealous	시샘하는, 질투하는	timid	겁 많은, 소심한
kind	친절한	tired	피곤한
late	늦은	ugly	못생긴
lazy	게으른	unique	독특한, 특이한
lonely	외로운, 고독한	upset	혼란스런, 당황한
lovely	사랑스러운	weak	약한
loyal	충성스러운, 충실한	wrong	틀린, 잘못된
mad	몹시 화난	young	젊은, 어린

PASSPORT CONTROL

ENTRY

2014 – 01 – 01

동사/조동사 **PASS**

INTERNATIONAL
AIRPORT

15

EXIT

KENYA

의문사/Be동사

11 . 12 2014

PASS

JKIA — NAIROB

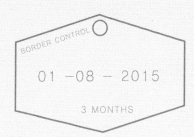

BORDER CONTROL

01 -08 - 2015

3 MONTHS

IMMIGRATION OFFICER

15 MAR 2014

LANDED

DEPARTMENT OF HOMLAND SECURITY US CUSTOMS AND BORDER PROTECTION

ADMITTED

SEP 13 2014

DEC 12 2015

다음 단계로 가실 수 있습니다